CÓMO DIBUJAR / HOW TO DRAW

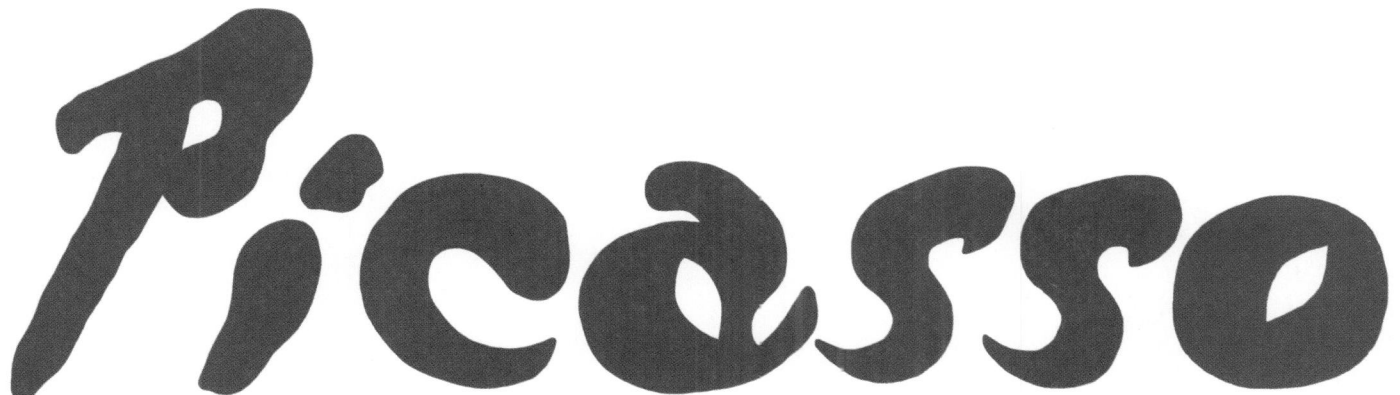

Librero

CÓMO DIBUJAR / HOW TO DRAW

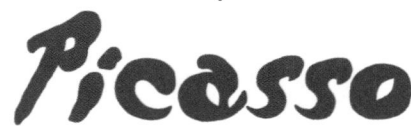

Derechos de publicación y distribución en lengua española en propiedad de:
Publication and distribution rights in Spanish and English in property:
© 2025 Librero b.v.
www.librero.nl

Ilustraciones, textos, cubierta y maquetación / Illustrations, text, cover and layout:
Sergio Guinot Studio
www.artesecuencial.com
studio@artesecuencial.com

Distribución exclusiva de la edición española:
Librero IBP S. L.
C/ Paseo de los Olmos, n.º 20
Planta 1.ª, Oficina 7
28005 Madrid, España
www.librero-ibp.es

ISBN: 978-94-6499-112-3

Impreso en China / Printed in China

ÍNDICE / CONTENTS

P 04-05: Introducción / Introduction
P 06-07: Dibuja 20 ojos / Draw 20 eyes
P 08-09: Dibuja 20 flores / Draw 20 flowers
P 10-11: Dibuja 20 mujeres / Draw 20 women
P 12-13: Dibuja 20 hombres / Draw 20 men
P 14-15: Dibuja 20 manos / Draw 20 hands
P 16-17: Dibuja 20 bocas / Draw 20 mouths
P 18-19: Dibuja 20 desnudos / Draw 20 nudes
P 20-21: Dibuja 20 toros / Draw 20 bulls
P 22-23: Dibuja 20 sombreros de mujer / Draw 20 women's hats
P 24-25: Dibuja 20 velas / Draw 20 candles
P 26-27: Dibuja 20 pies / Draw 20 feet
P 28-29: Dibuja 20 objetos / Draw 20 objects
P 30-31: Dibuja 20 pájaros y aves de corral / Draw 20 birds and fowls
P 32-33: Dibuja 20 posados / Draw 20 poses
P 34-35: Dibuja 20 movimientos / Draw 20 movements
P 36-37: Dibuja 20 narices/ Draw 20 noses
P 38-39: Dibuja 20 casas / Draw 20 houses
P 40-41: Dibuja 20 motivos del Guernica / Draw 20 Guernica motifs
P 42-43: Dibuja 20 nubes y estrellas/ Draw 20 clouds and stars
P 44-45: Dibuja 20 peces / Draw 20 fish
P 46-47: Dibuja 20 niños /Draw 20 children
P 48-49: Dibuja 20 árboles /Draw 20 trees
P 50-51: Dibuja 20 sombreros de hombre / Draw 20 men's hat
P 52-53: Dibuja 20 elementos decorativos / Draw 20 decorative elements
P 54-55: Dibuja 20 cuadros /Draw 20 paintings
P 56-57: Dibuja 20 frutas / Draw 20 fruits
P 58-59: Dibuja 20 vasos y copas / Draw 20 glasses and cups
P 60-61: Dibuja 20 perros /Draw 20 dogs
P 62-63: Dibuja 20 peinados / Draw 20 hairstyles
P 64-65: Dibuja 20 jarrones / Draw 20 vases
P 66-67: Dibuja 20 imágenes del periodo azul / Draw 20 images of the blue period
P 68-69: Dibuja 20 figuras surrealistas / Draw 20 surrealist figures
P 70-71: Dibuja 20 figuras cubistas / Draw 20 cubist figures
P 72-73: Dibuja 20 instrumentos musicales / Draw 20 musical instruments
P 74-75: Dibuja 20 gatos / Draw 20 cats
P 76-77: Dibuja 20 motivos de pesca / Draw 20 fishing motifs
P 78-79: Dibuja 20 elementos de bodegón / Draw 20 still life elements
P 80-81: Dibuja 20 caballos / Draw 20 horses
P 82-83: Dibuja 20 ventanas / Draw 20 windows
P 84-85: Dibuja 20 motivos de Las Meninas / Draw 20 motifs of *Las Meninas*
P 86-87: Dibuja 20 motivos de tauromaquia / Draw 20 bullfighting motifs
P 88-89: Dibuja 20 motivos esbozos / Draw 20 sketches
P 90-91: Dibuja 20 caballeros / Draw 20 gentlemen
P 92-93: Dibuja 20 zapatos / Draw 20 shoes
P 94-95: Dibuja 20 elementos de mobiliario / Draw 20 furniture elements

INTRODUCCIÓN
CÓMO APROVECHAR AL MÁXIMO ESTE LIBRO

¿Quieres comprender el proceso que se esconde tras el genio de Pablo Ruiz Picasso? ¿Te gustaría experimentar su manera de ver y plasmar la realidad? Este libro estudia en profundidad su obra y la hace llegar a ti del modo más sencillo: dividiéndola en elementos comunes y agrupándolos para que puedas observalos en conjunto y con detenimiento, retocarlos, colorearlos y realizar tus propias muestras entre las del maestro.

Ponte en el lugar de este inmortal artista, desde sus inicios en el realismo clásico, pasando por su etapa azul, su etapa rosa, la etapa negra, el cubismo, el neoclasicismo, el surrealismo o el expresionismo.

La constancia es fundamental: recuerda que en la práctica y comprensión del dibujo no existe el dibujo malo, pues reconocer los defectos en nuestra obra es lo que nos hace mejorar. Repite sin cesar los mismos elementos hasta que interiorices el significado de tus trazos.

Entender para poder planificar: prueba a componer tus propias figuras utilizando elementos de varias láminas. Esto te dará una comprensión de la interacción entre diferentes volúmenes.

Domina las herramientas y el lenguaje ilustrado: a lo largo de estas páginas vas a encontrar imágenes realizadas con múltiples estilos de línea (definidas, rugosas, redondeadas, angulosas...). Prueba a imitar una figura determinada, pero utilizando un estilo de línea correspondiente a otra. Después, reflexiona sobre el cambio en el mensaje que recibirá el observador.

Recuerda que la práctica hace maestros.

Sergio Guinot

INTRODUCTION
HOW TO MAKE THE MOST OF THIS BOOK

Wanna understand the process which is under the genius of Pablo Ruiz Picasso? Will you like to experiment his perspective and draw the reality? This books studies deeply his works and makes them go to you in the most simple way: dividing it in comun elements and making up groups therefore you can watch them at the same time slowly and paint them, colour them, and make your own marks between his.

Put yourself in the place of this inmortal artist, from his realistic beginings, going through his blue phase, pink phase, black phase, the cubism, the neoclasical phase, the surealism or the expresionism.

Constancy is fundamental: remember that in the practice and comprehension of the drawing there is no bad drawing, because knowing the defects of our own drawing makes us get even better. Repet without stopping the same elements until you catch the meaning of his strokes.

Understand to plan: try to make up your own figures using elements with several layers. This will give you comprehension of the interaction between different volumes.

Dominate the tools and the illustrate language: all along this pages you will find images representing an infinity of sizes and materials (ceramics, glass, steel, stone...). Try to recreate a specific figure, but using a design applicable to a different material. Afterwards, reflect about the change in the message that the observer with receive.

Remember that practice makes the masters.

Sergio Guinot

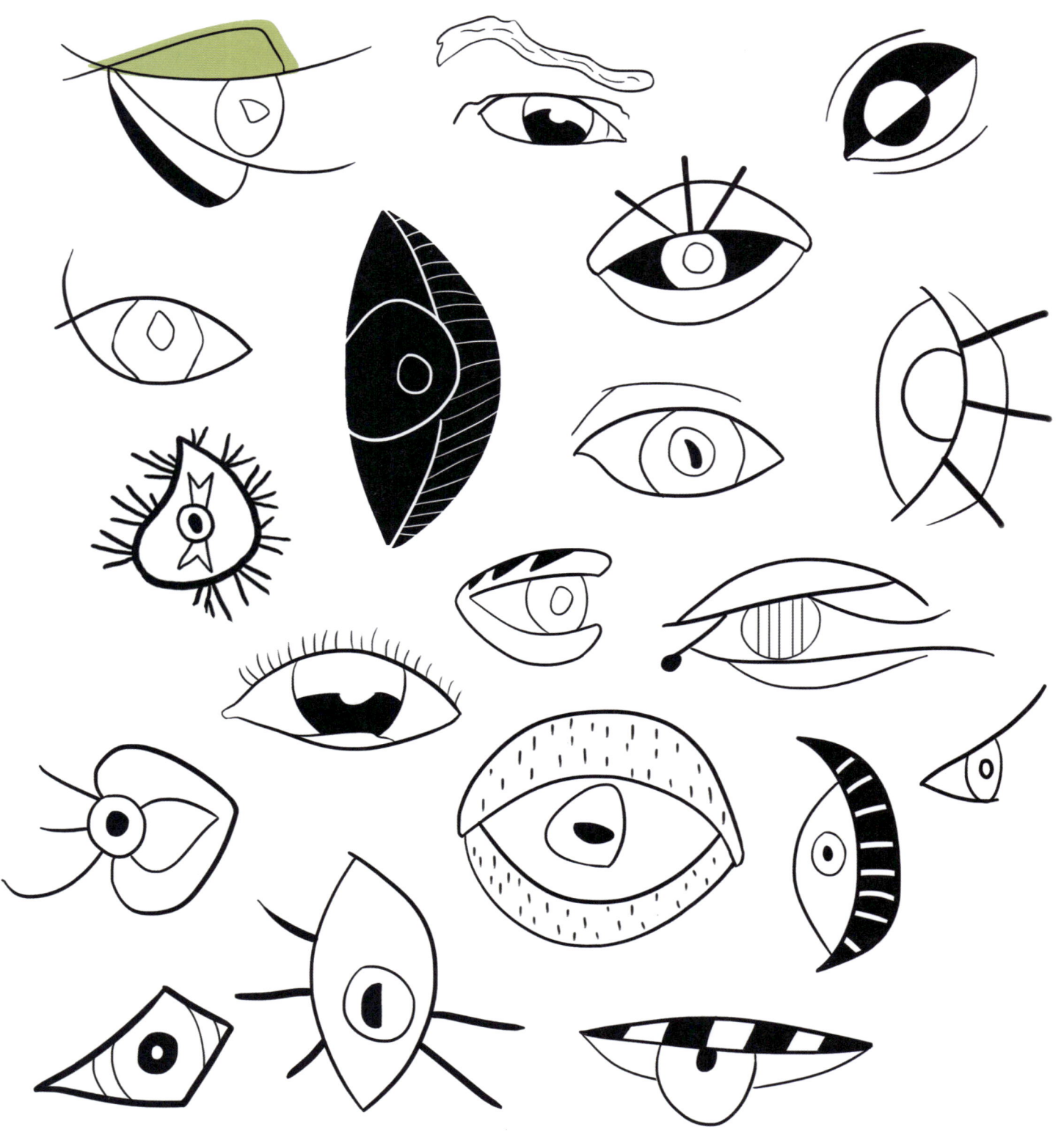

Dibuja 20 OJOS
Draw 20 EYES

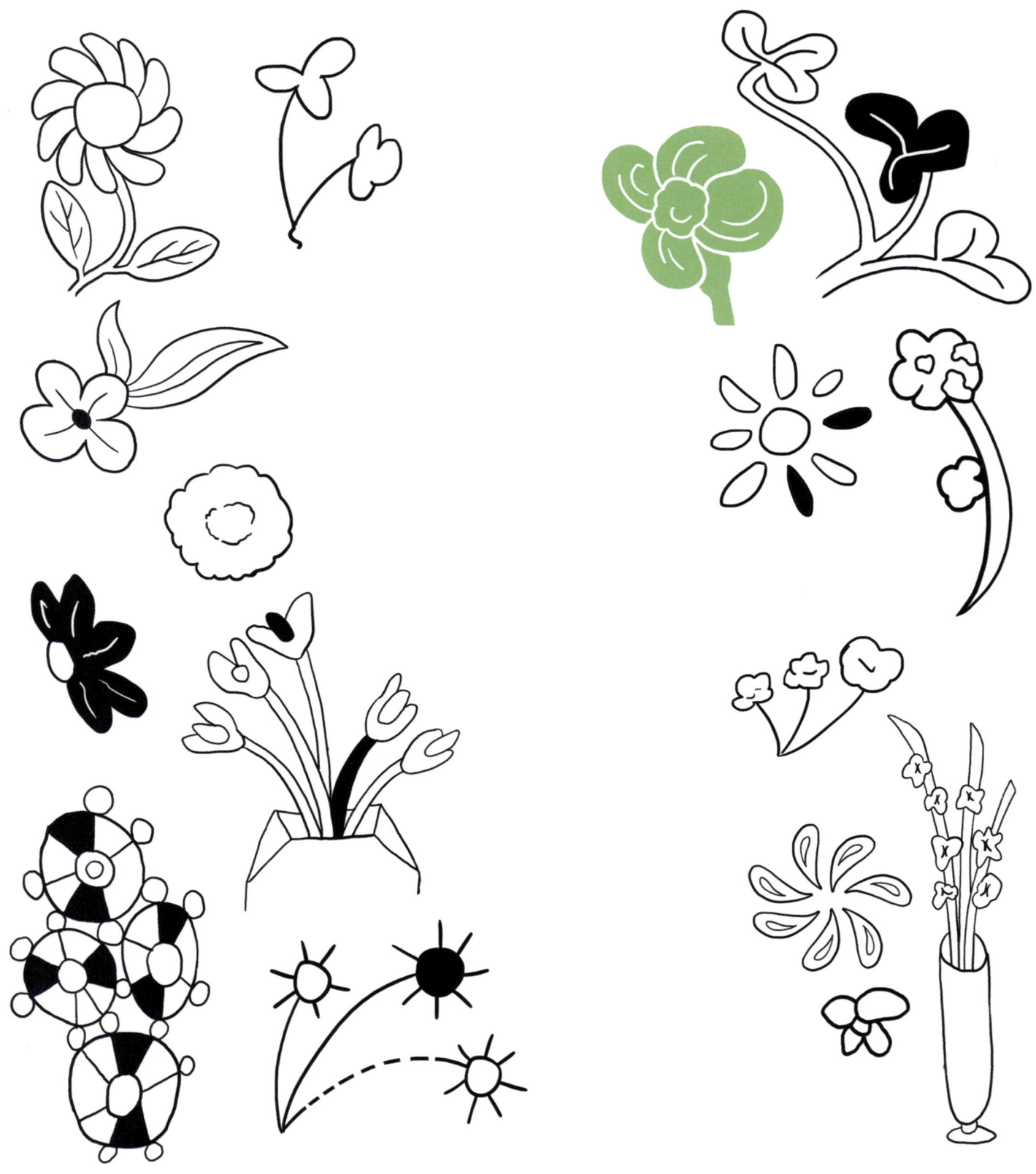

Dibuja 20 FLORES
Draw 20 FLOWERS

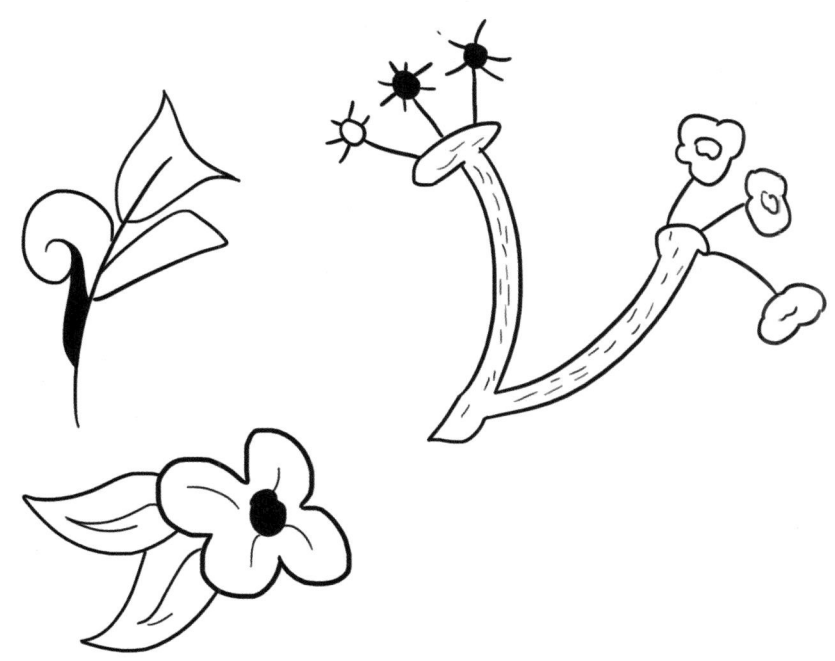

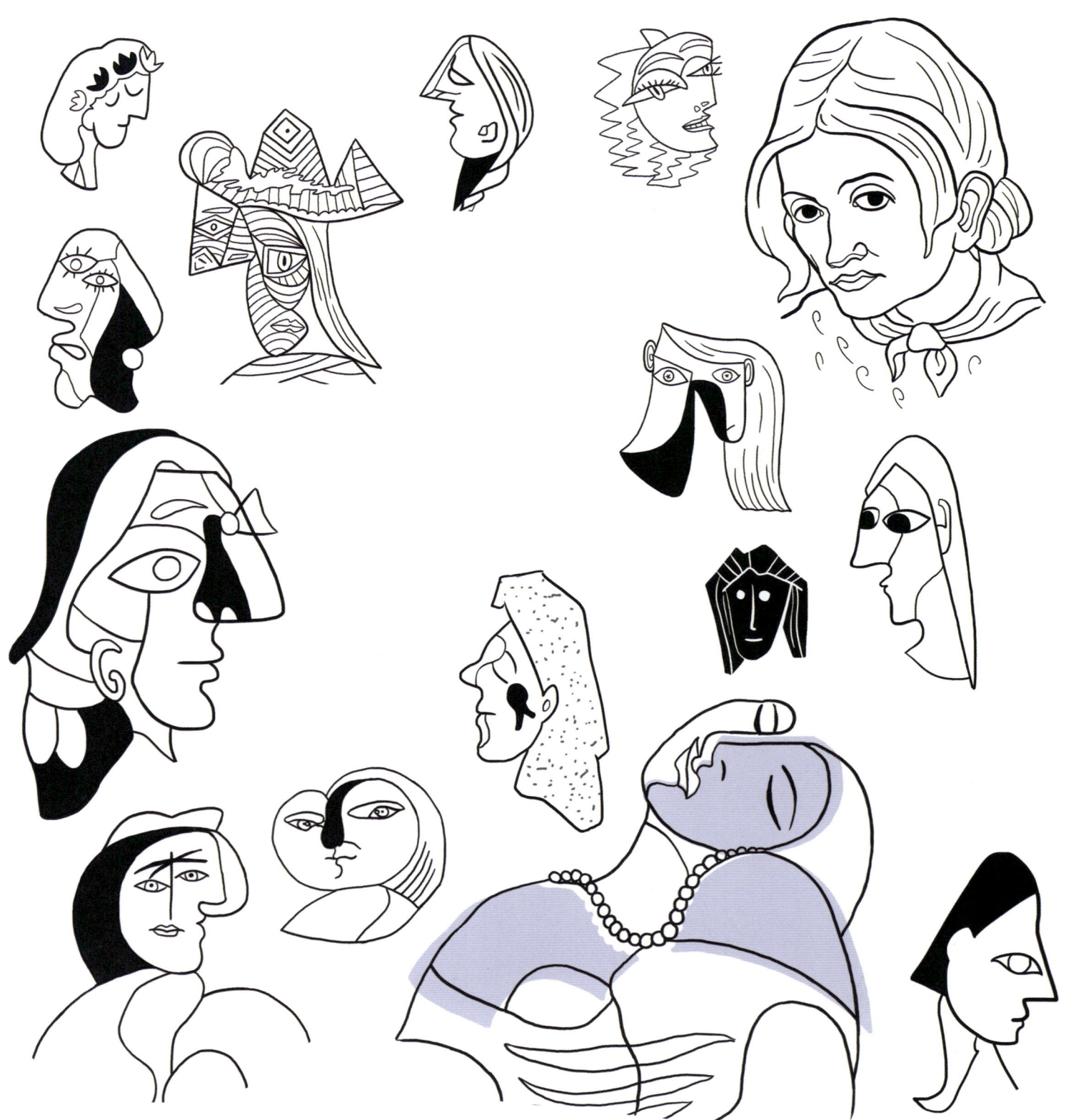

Dibuja 20 MUJERES
Draw 20 WOMEN

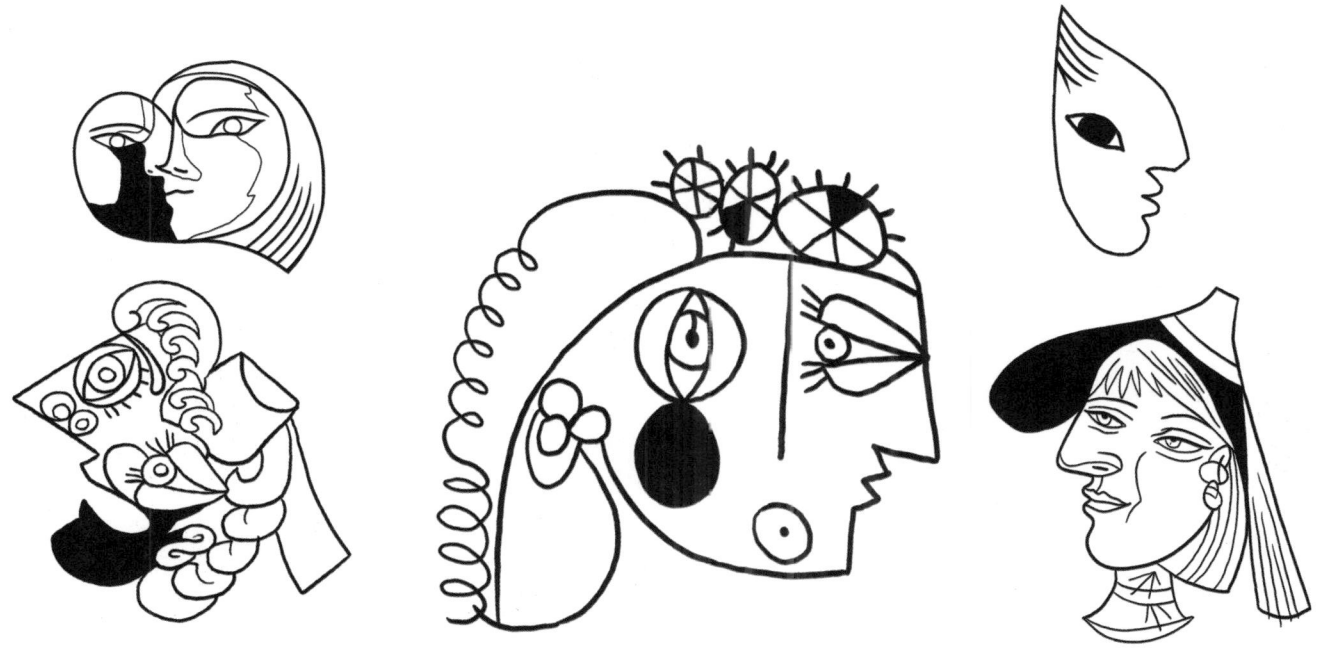

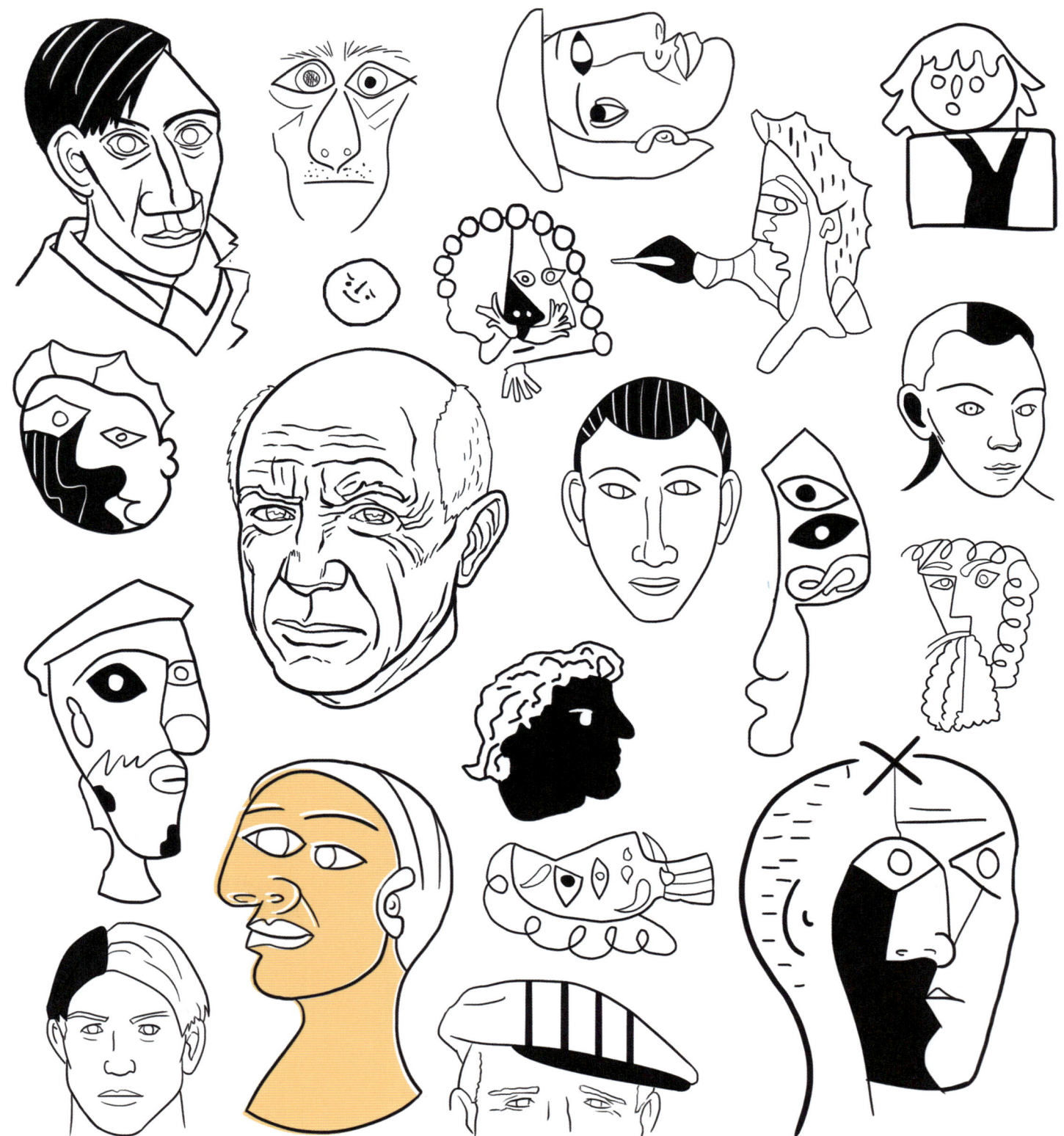

Dibuja 20 HOMBRES
Draw 20 MEN

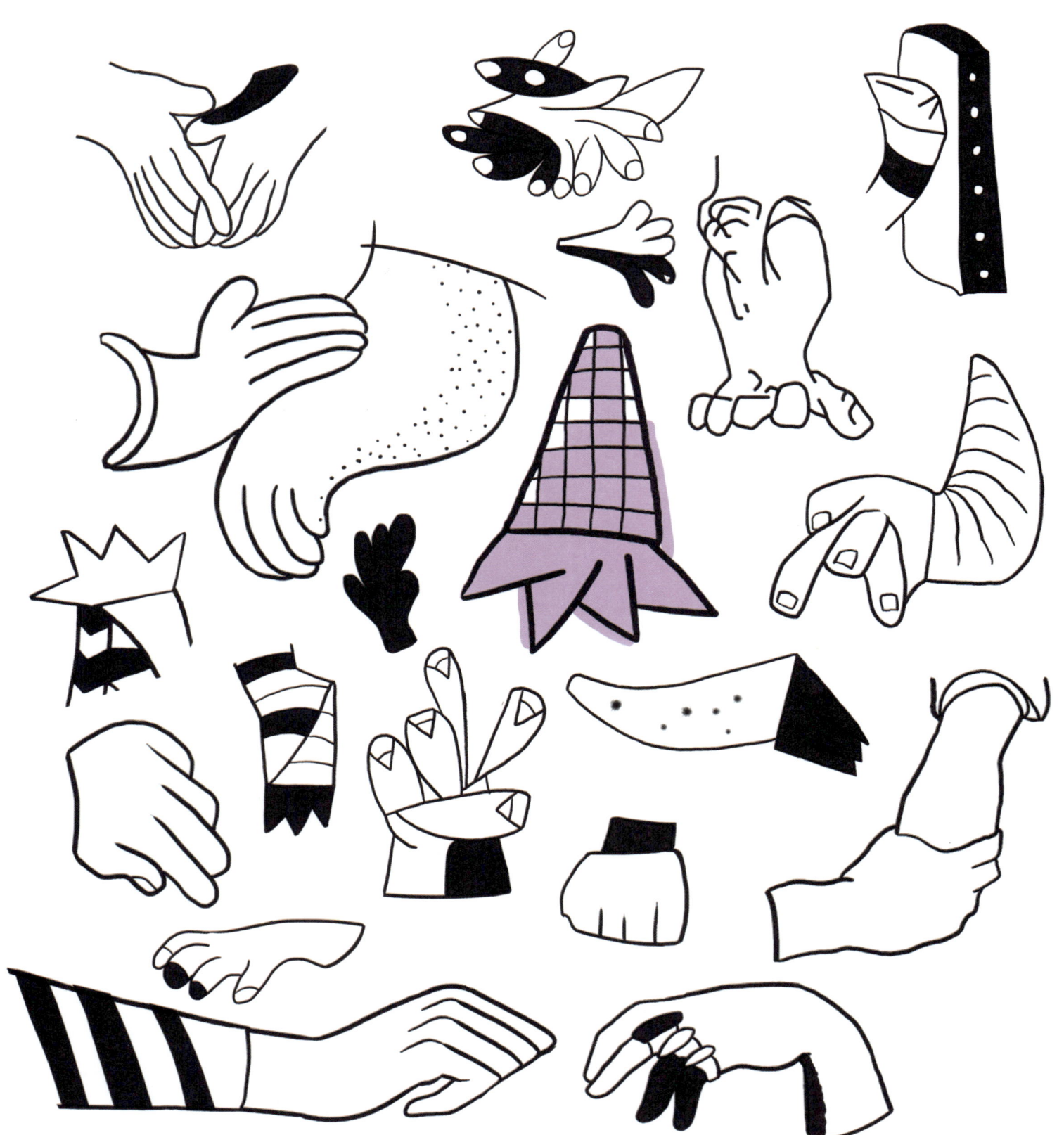

Dibuja 20 MANOS
Draw 20 HANDS

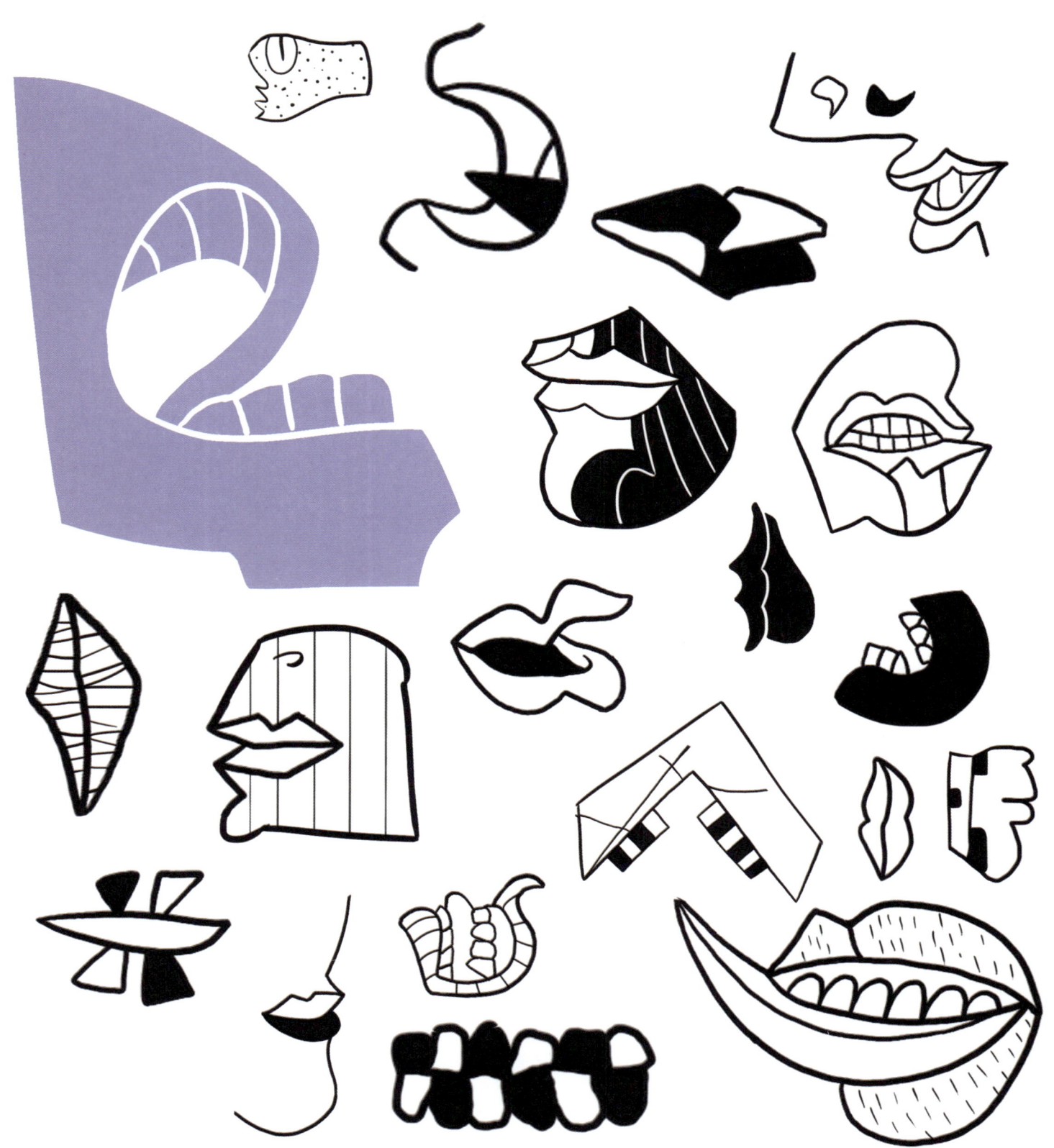

Dibuja 20 BOCAS
Draw 20 MOUTHS

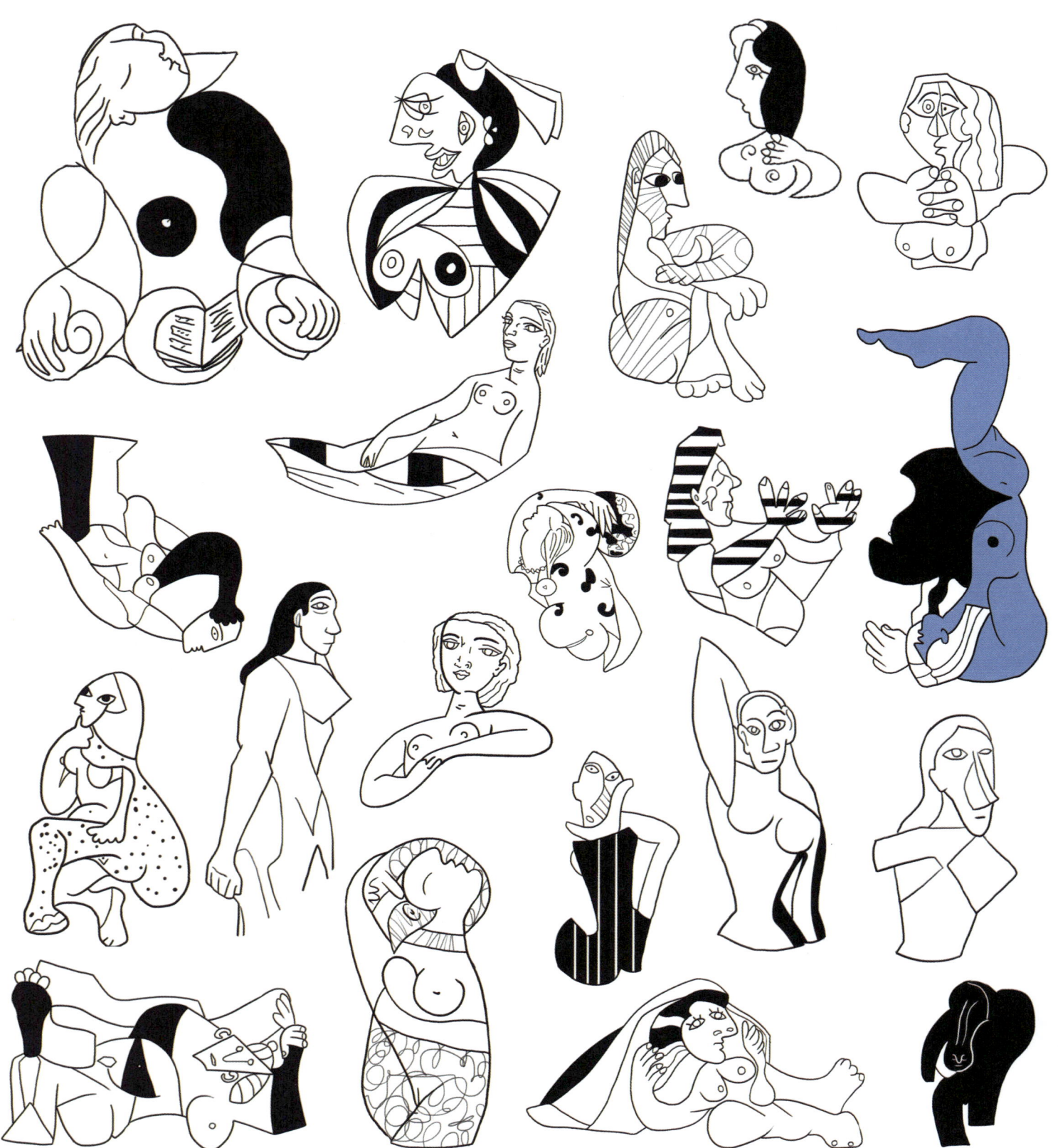

Dibuja 20 DESNUDOS
Draw 20 NUDES

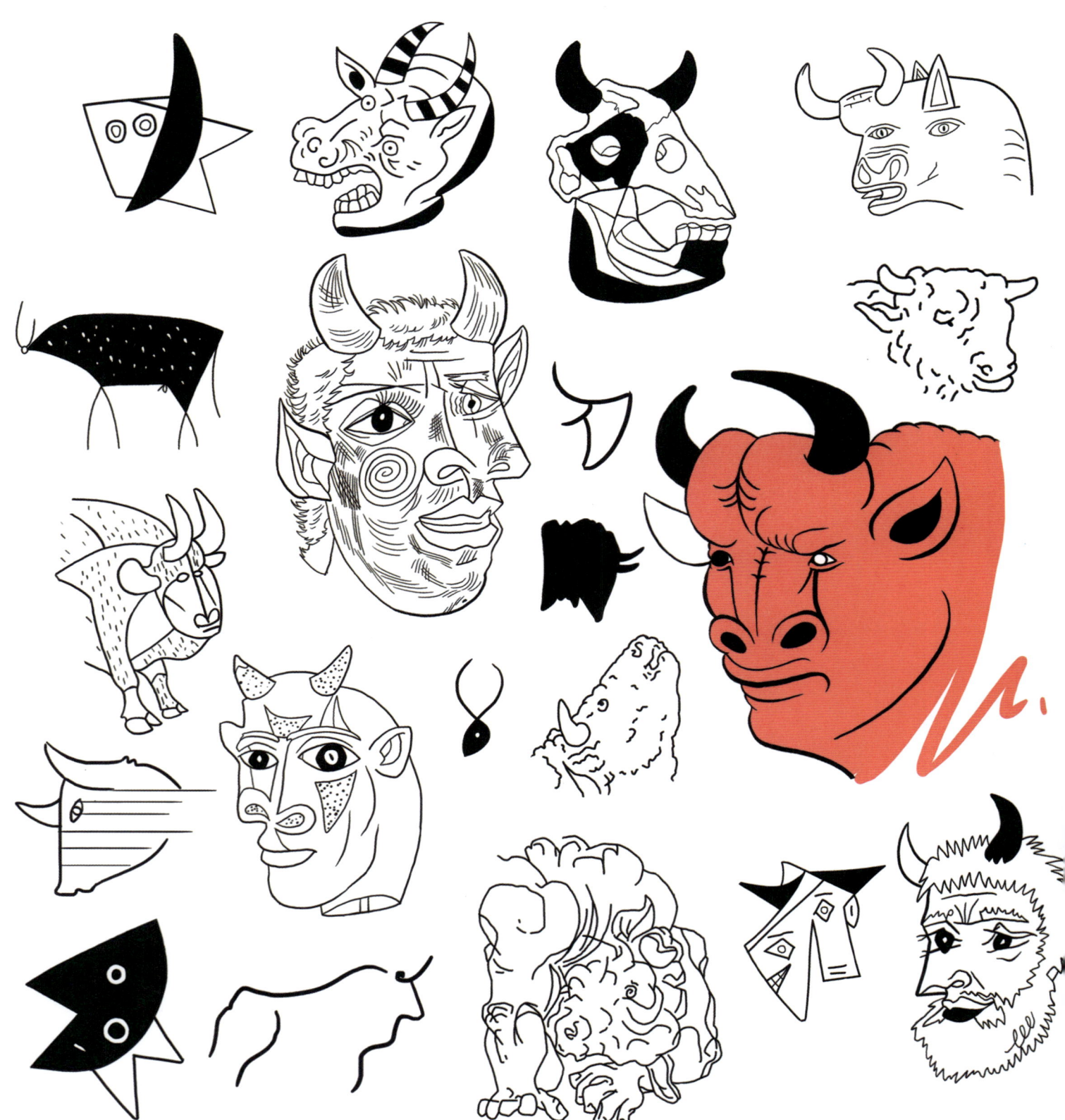

Dibuja 20 TOROS
Draw 20 BULLS

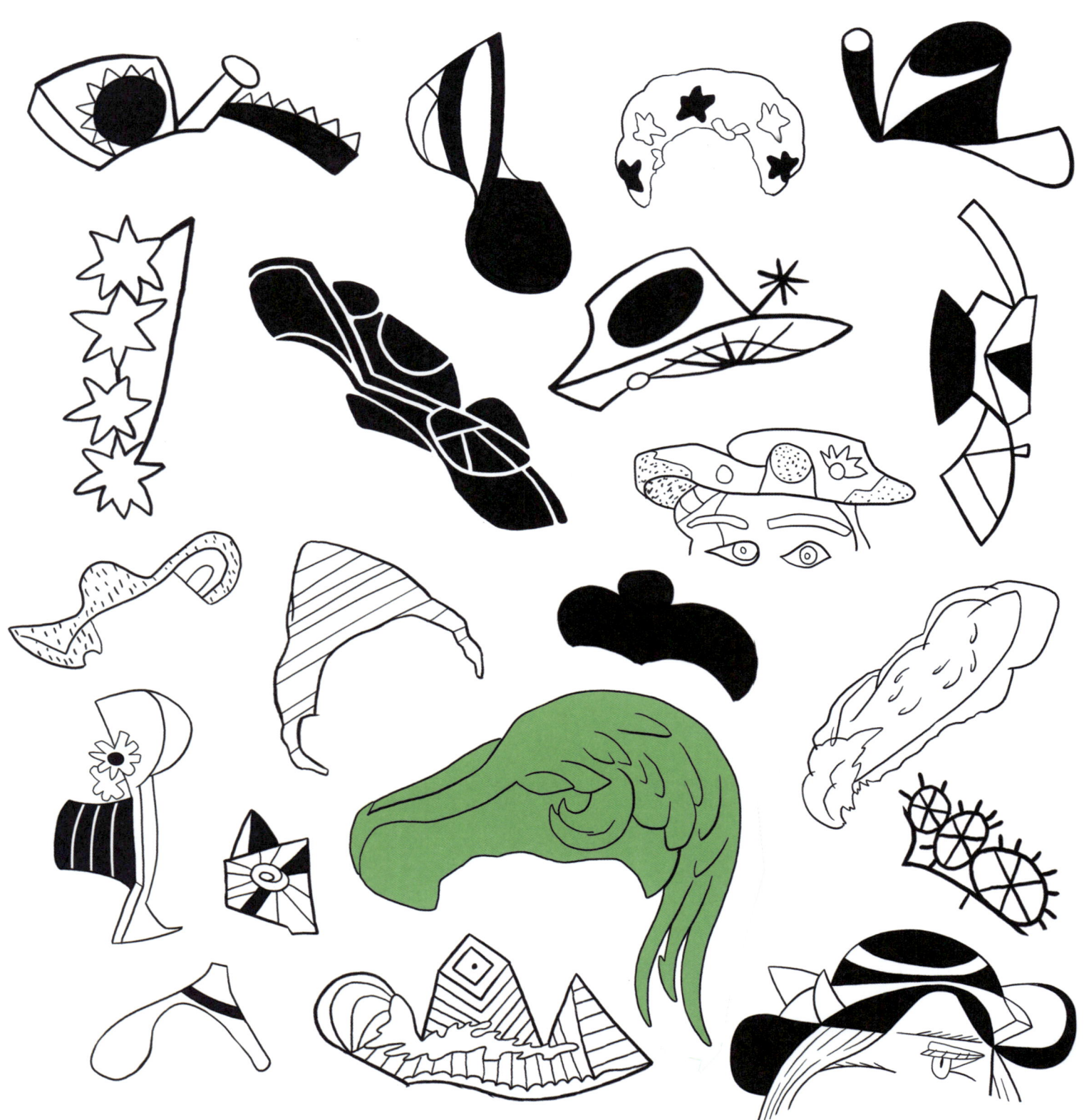

Dibuja 20 SOMBREROS DE MUJER
Draw 20 WOMEN'S HATS

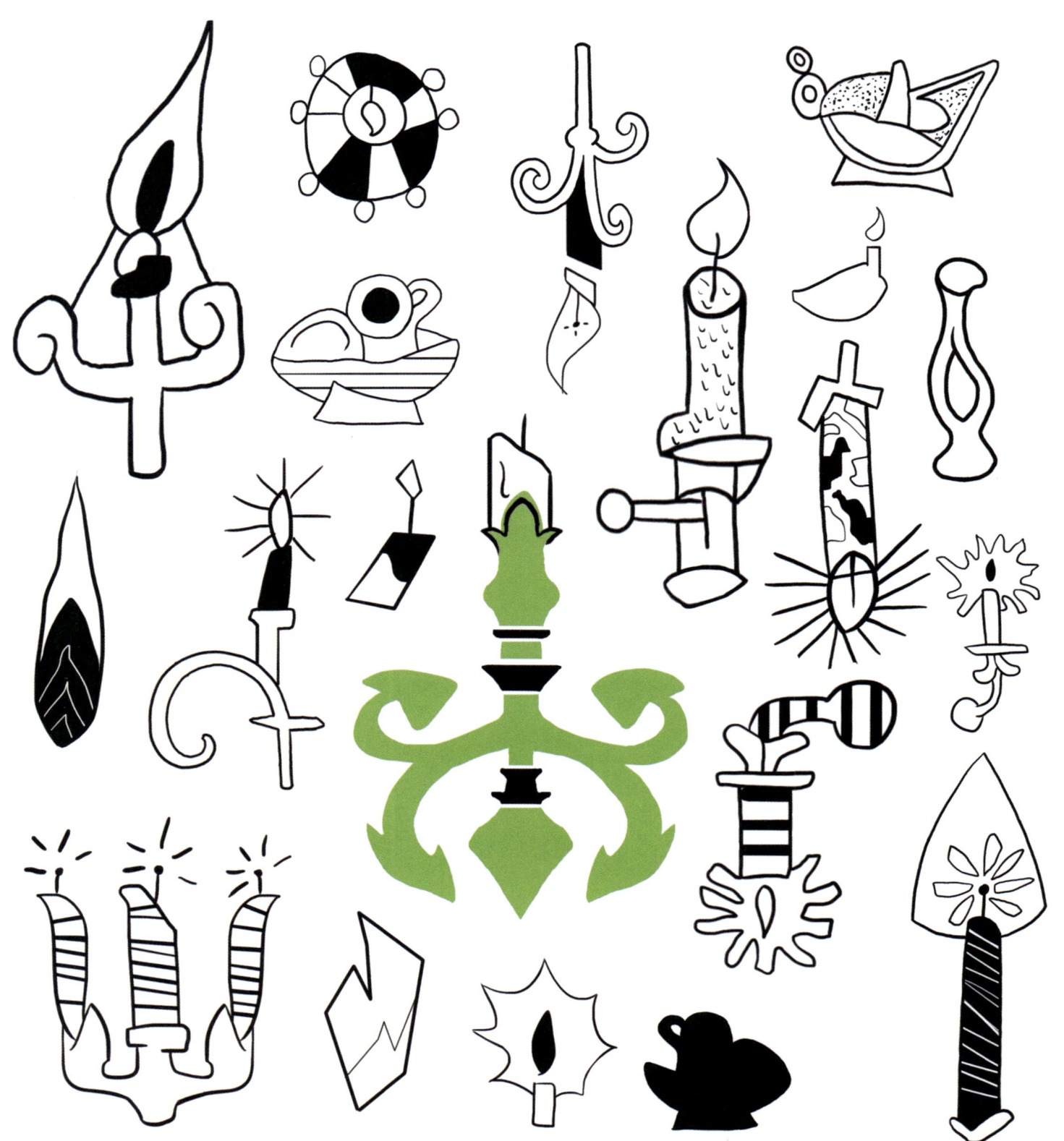

Dibuja 20 VELAS
Draw 20 CANDLES

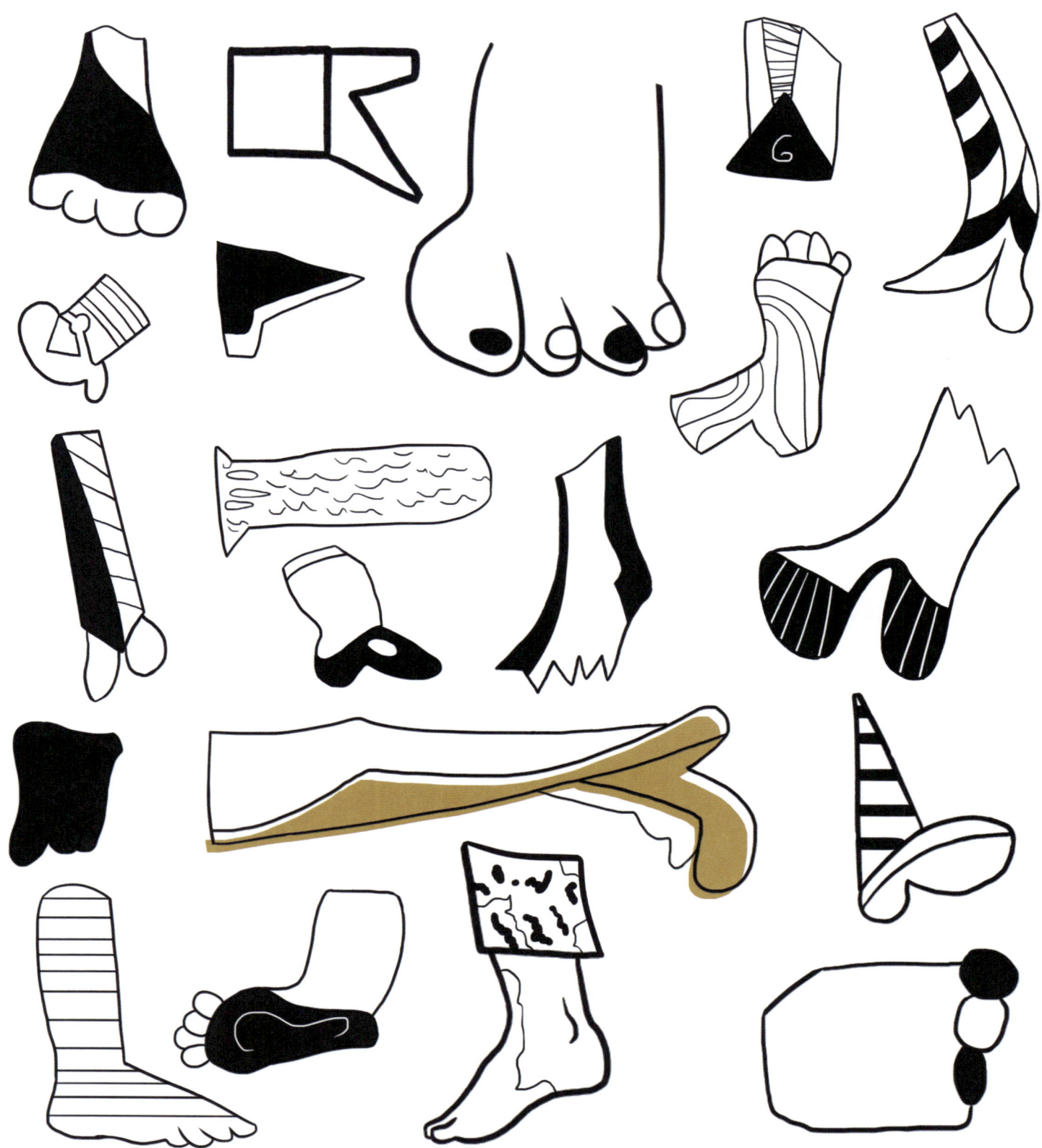

Dibuja 20 PIES
Draw 20 FEET

Dibuja 20 OBJETOS
Draw 20 OBJECTS

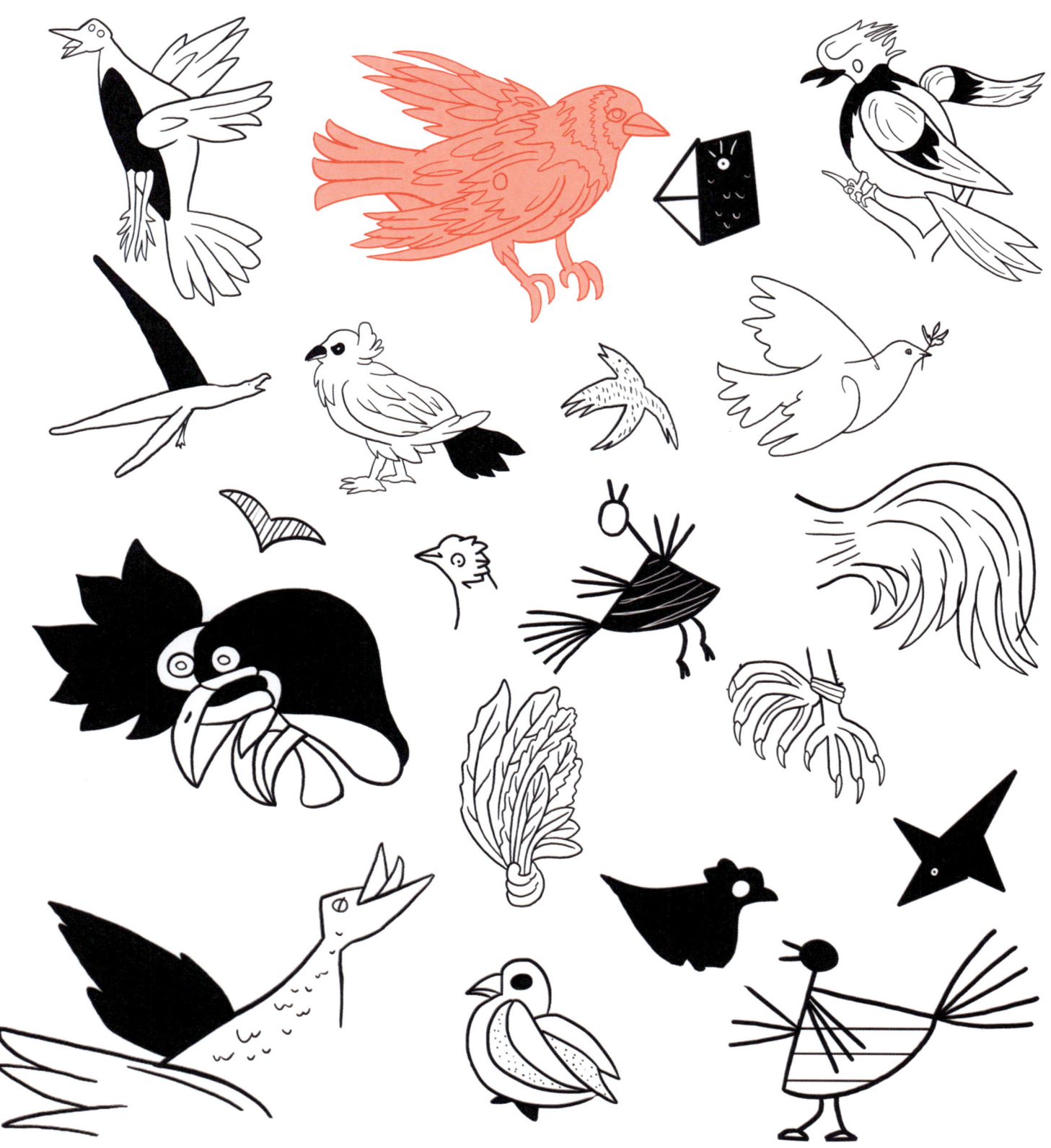

Dibuja 20 PÁJAROS Y AVES DE CORRAL
Draw 20 BIRDS AND FOWLS

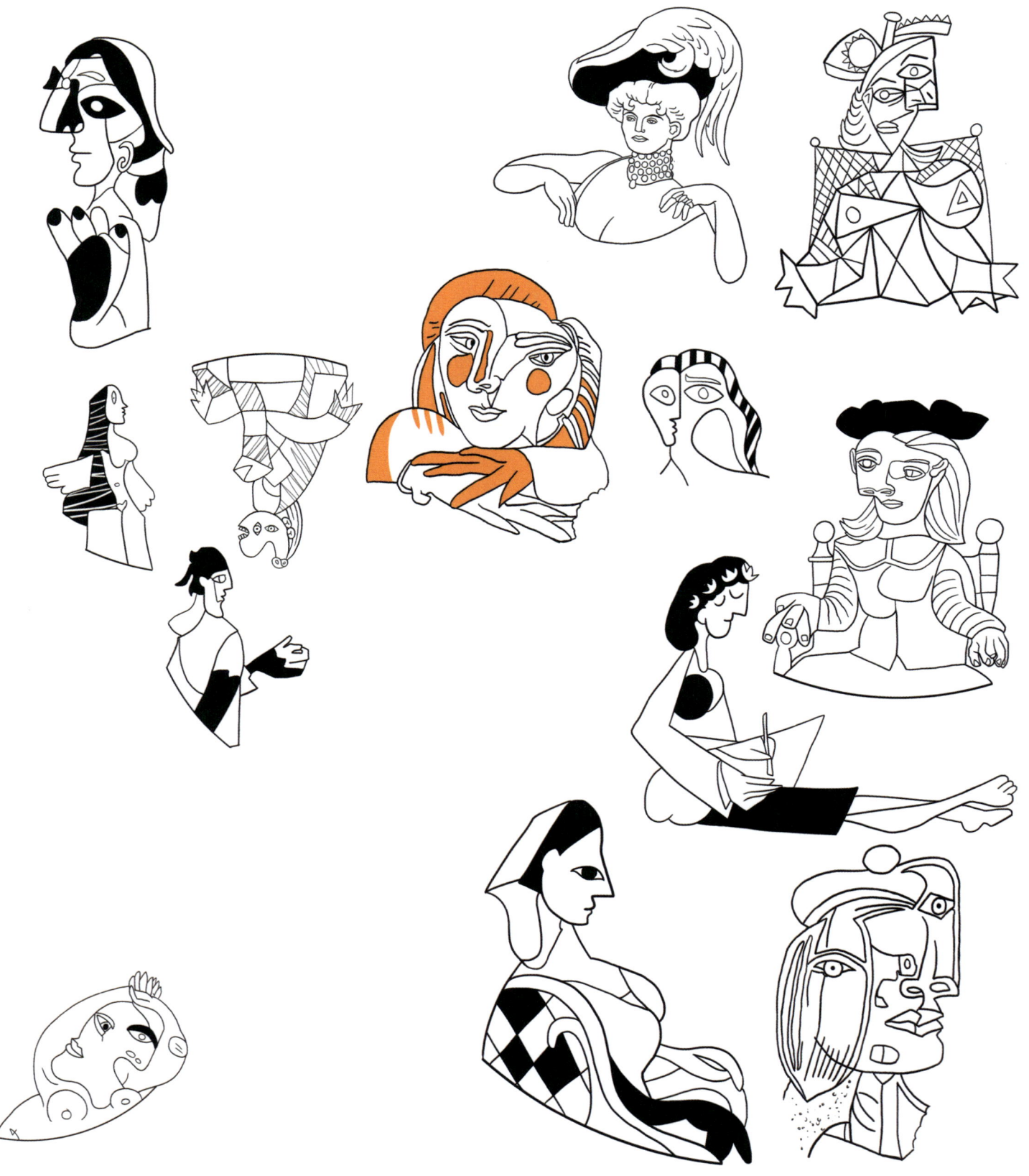

Dibuja 20 POSADOS
Draw 20 POSES

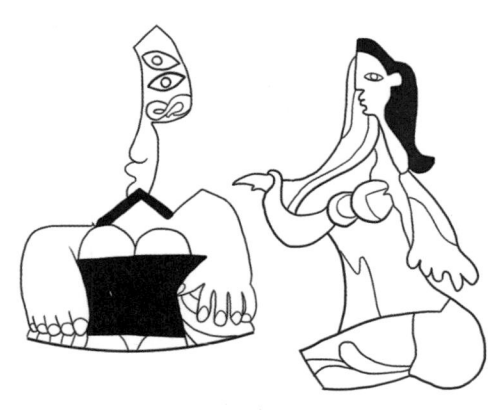

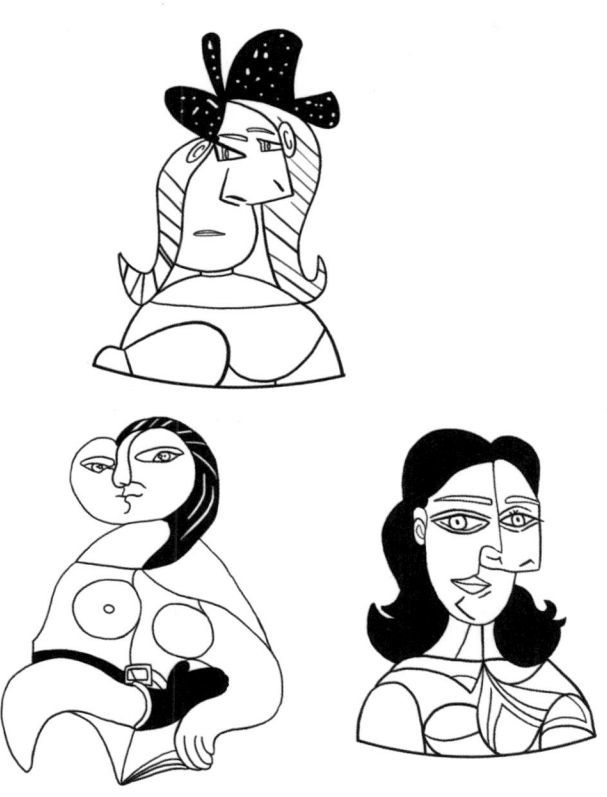

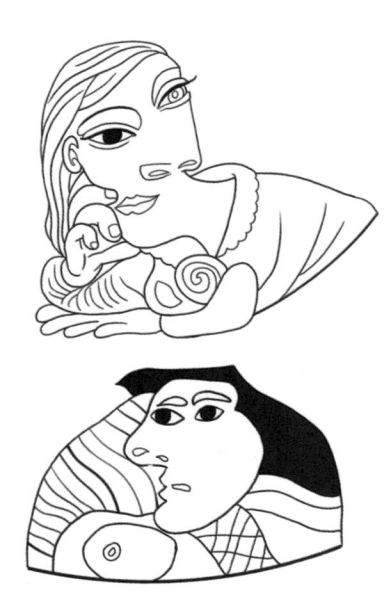

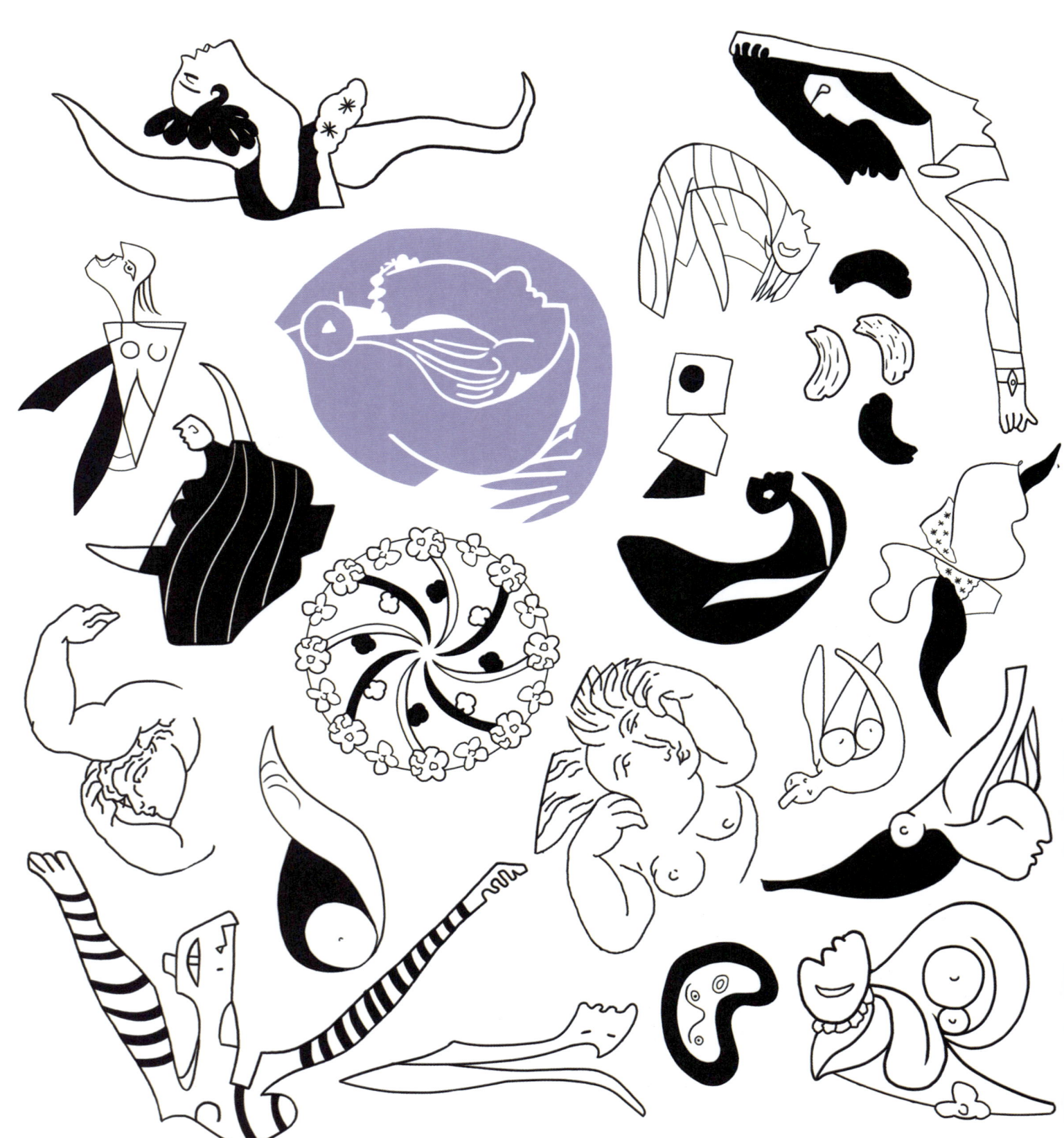

Dibuja 20 MOVIMIENTOS
Draw 20 MOVEMENTS

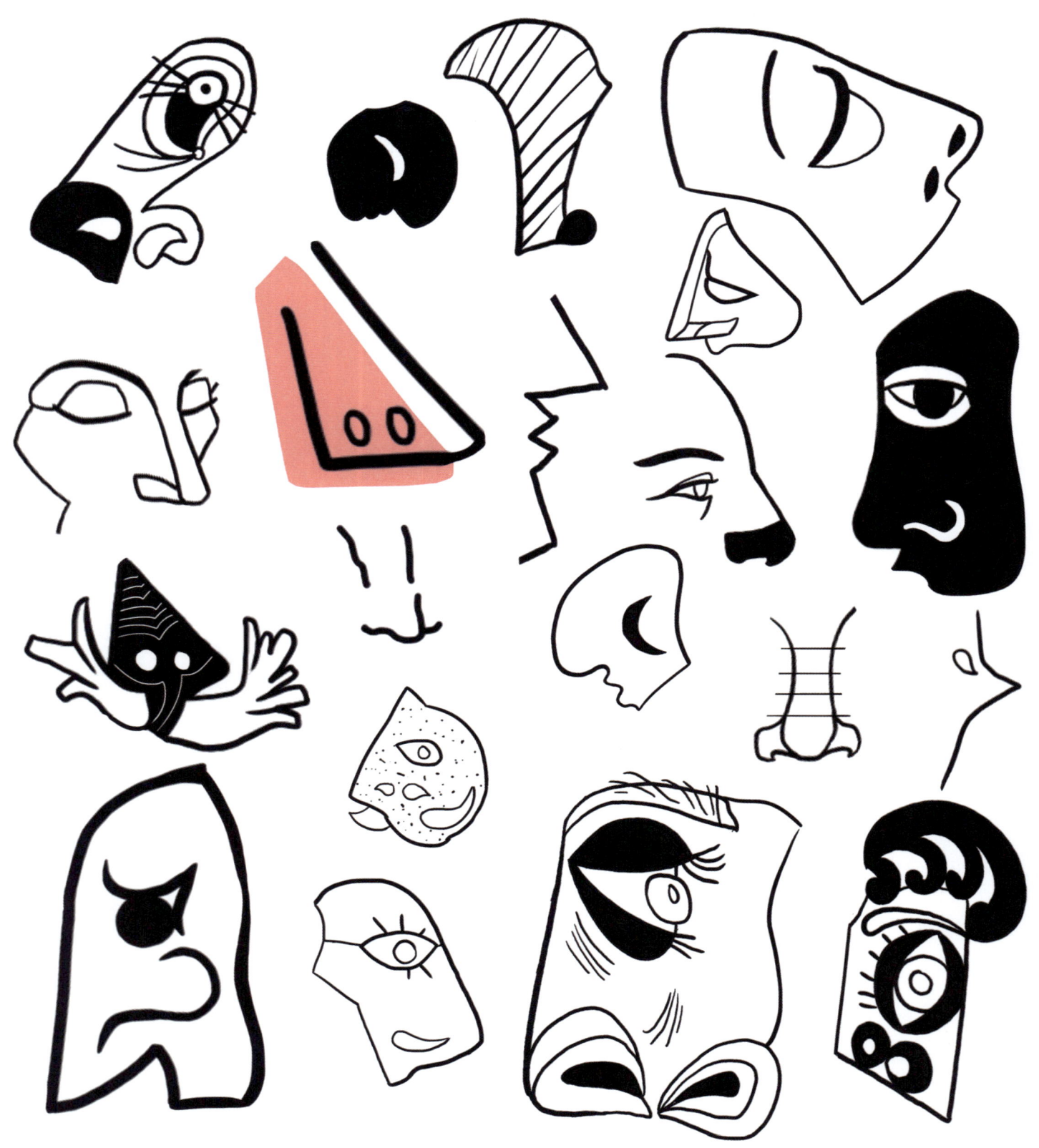

Dibuja 20 NARICES
Draw 20 NOSES

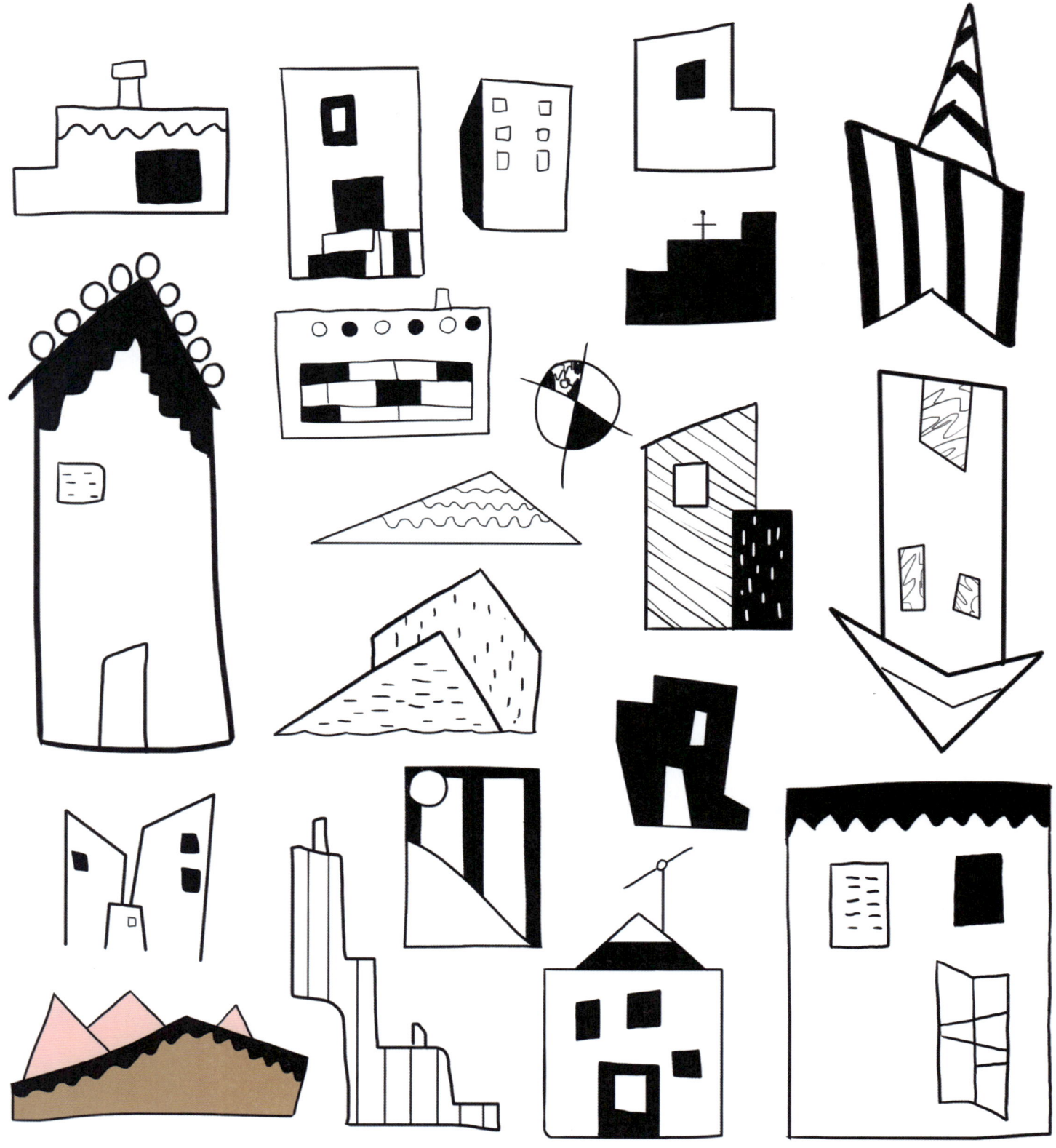

Dibuja 20 CASAS
Draw 20 HOUSES

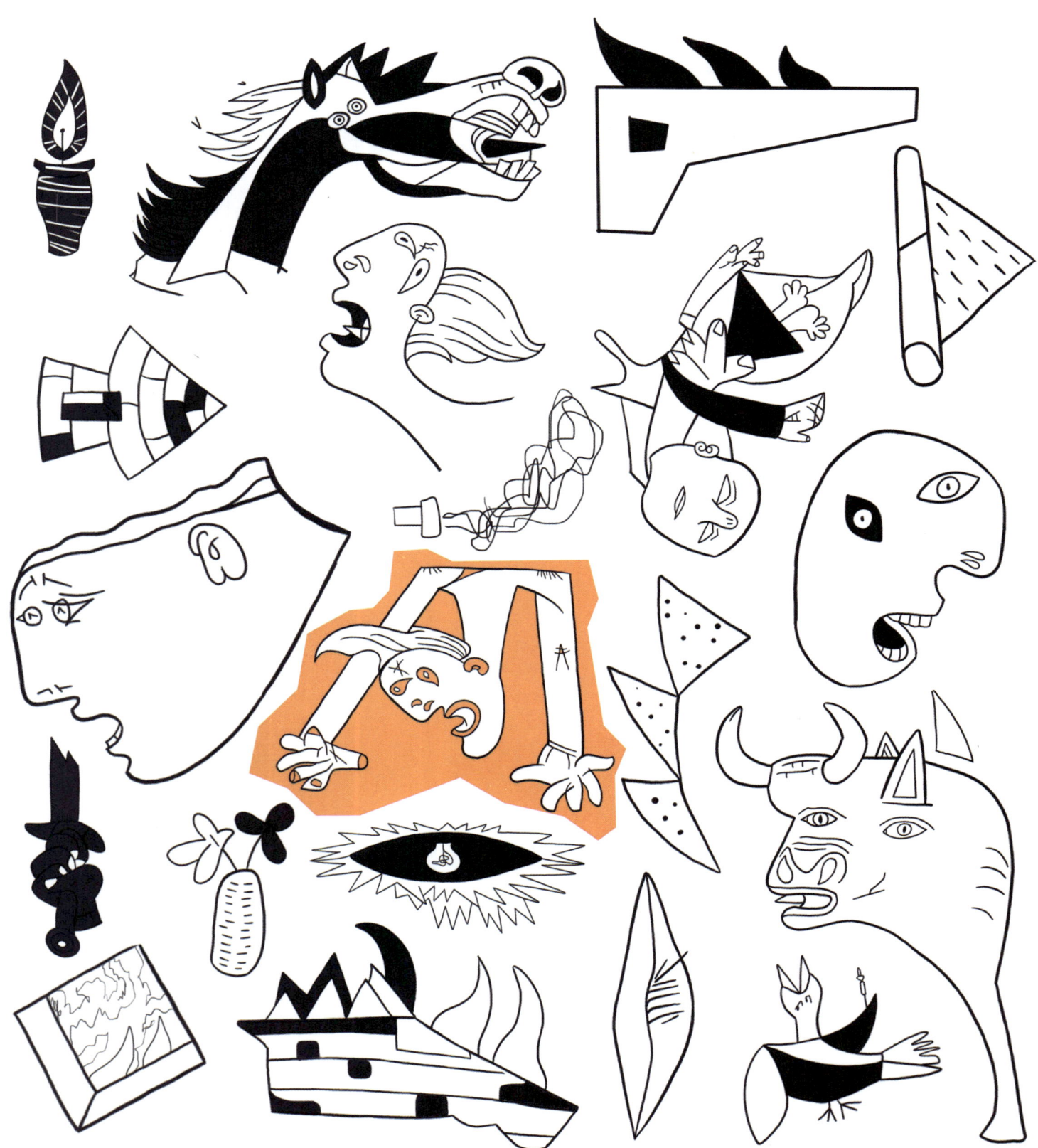

Dibuja 20 MOTIVOS DEL GUERNICA
Draw 20 GUERNICA MOTIFS

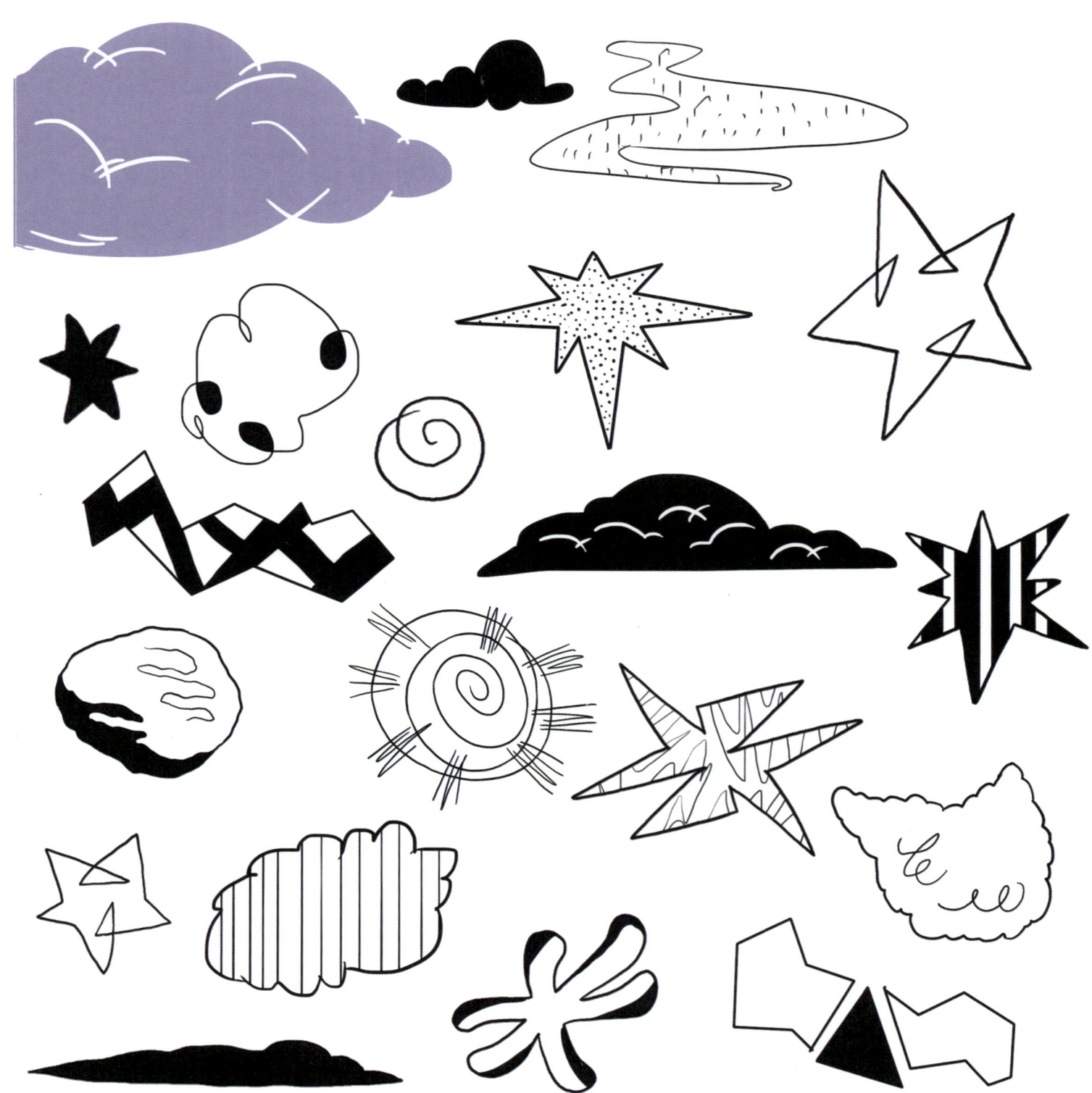

Dibuja 20 NUBES Y ESTRELLAS
Draw 20 CLOUDS AND STARS

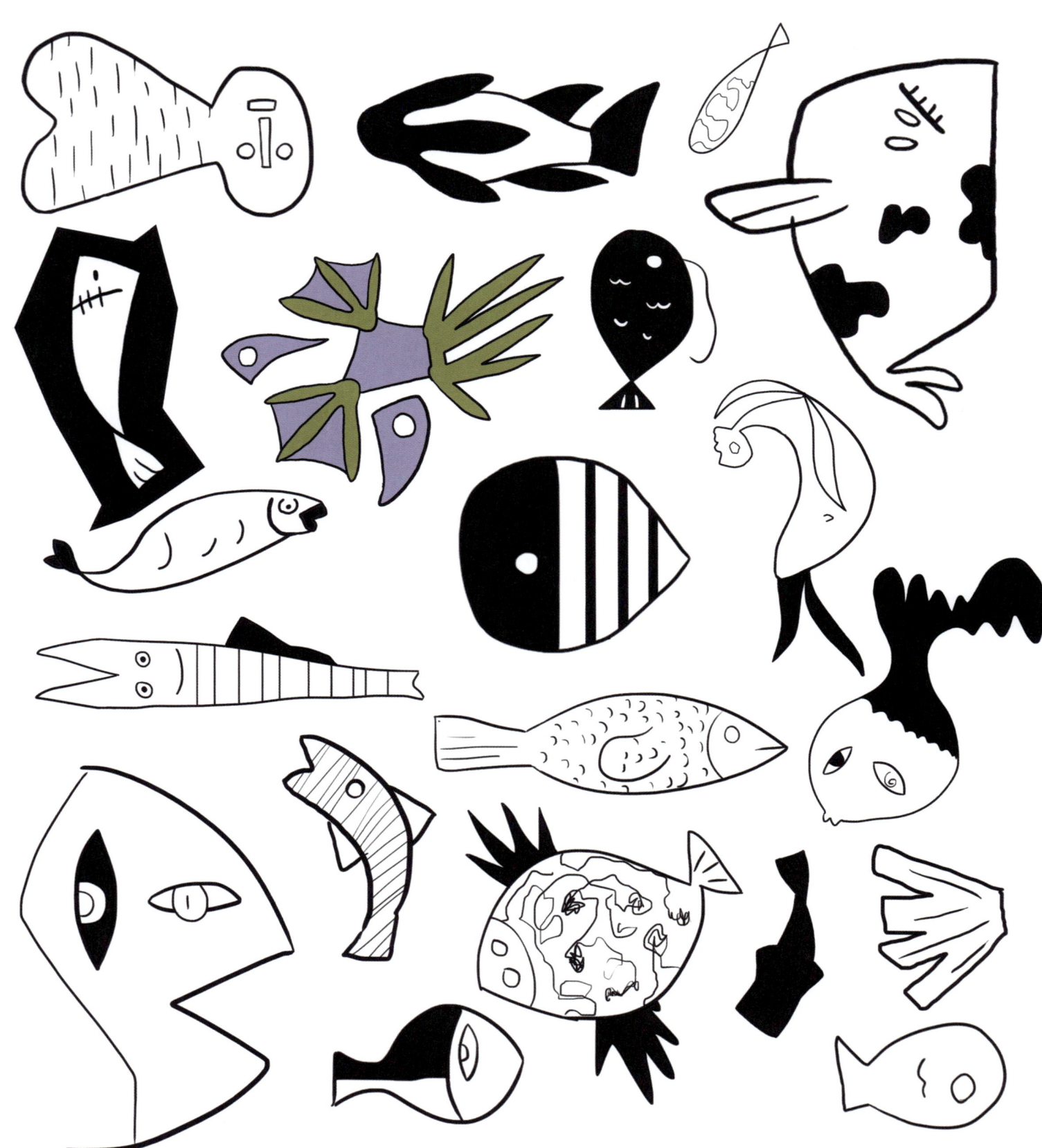

Dibuja 20 PECES
Draw 20 FISH

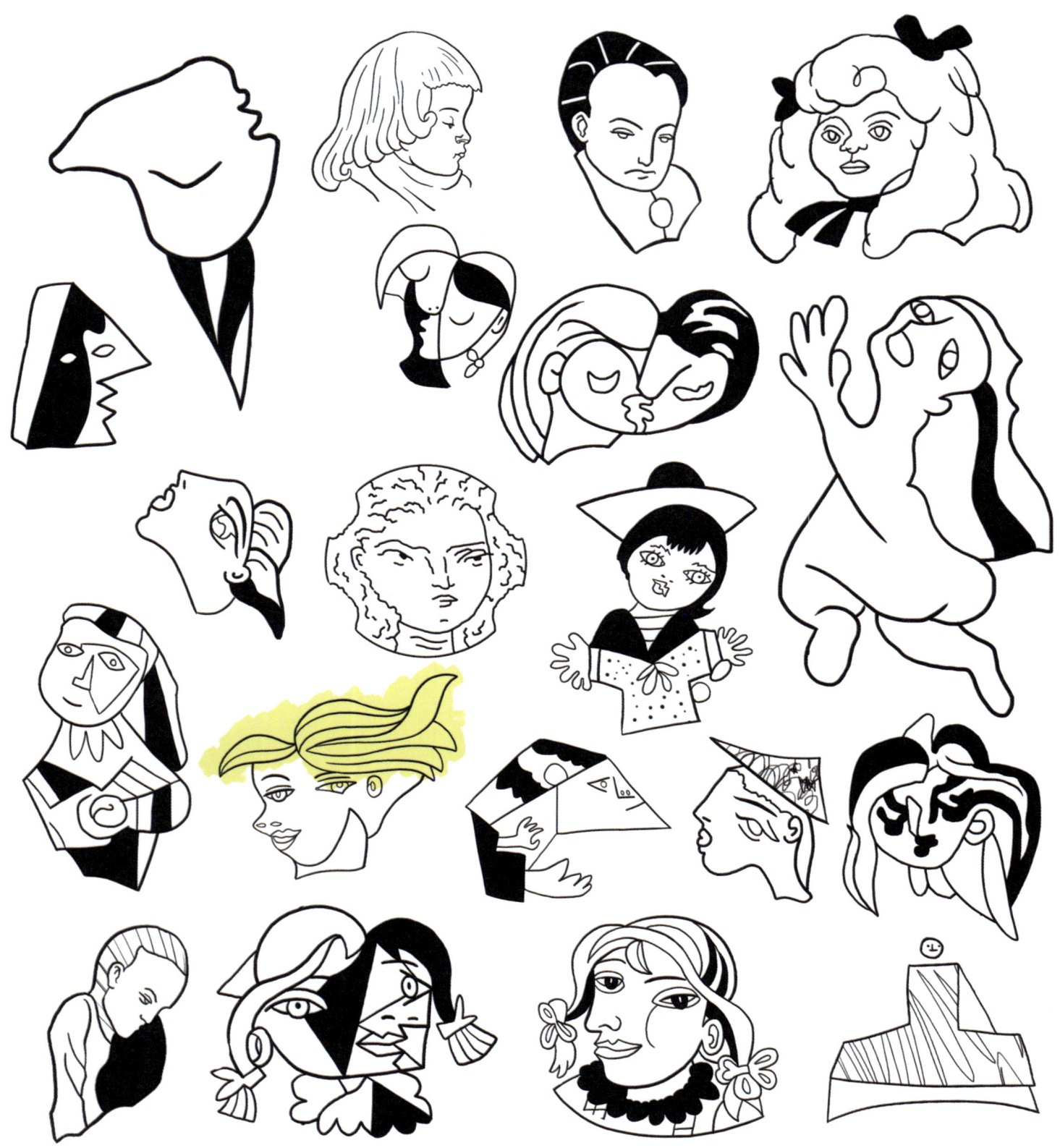

Dibuja 20 NIÑOS
Draw 20 CHILDREN

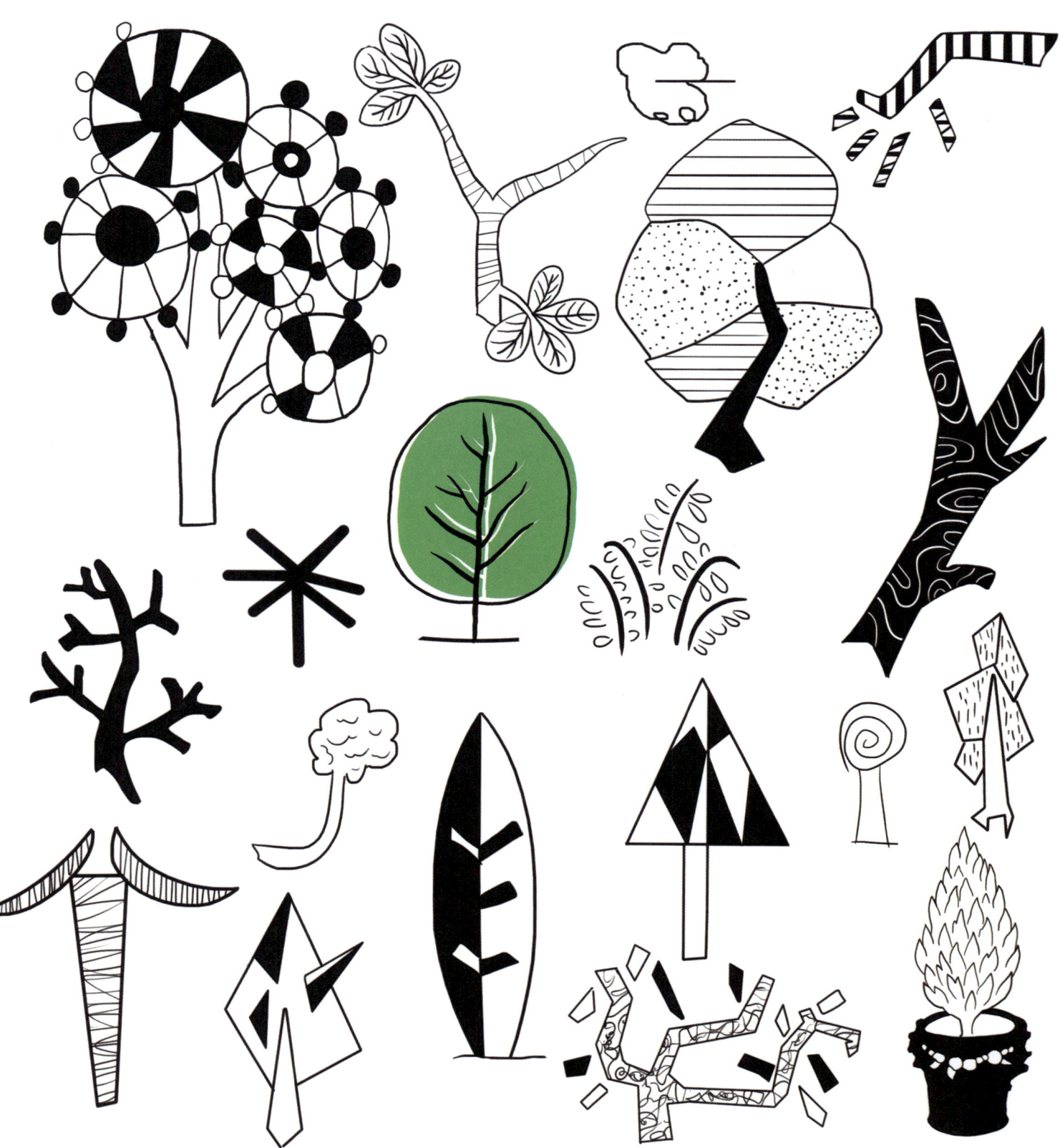

Dibuja 20 ÁRBOLES
Draw 20 TREES

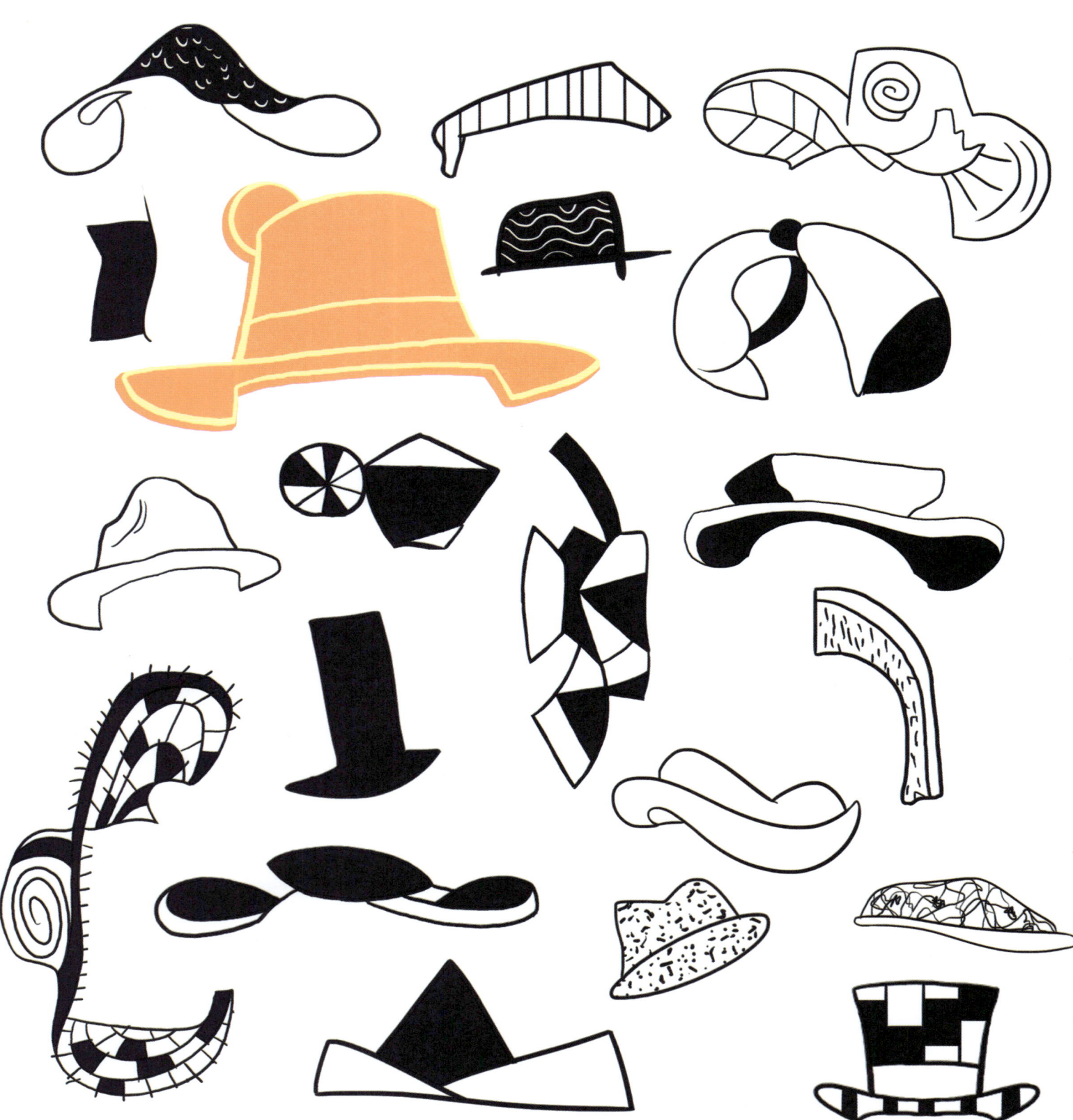

Dibuja 20 SOMBREROS DE HOMBRE
Draw 20 MEN'S HATS

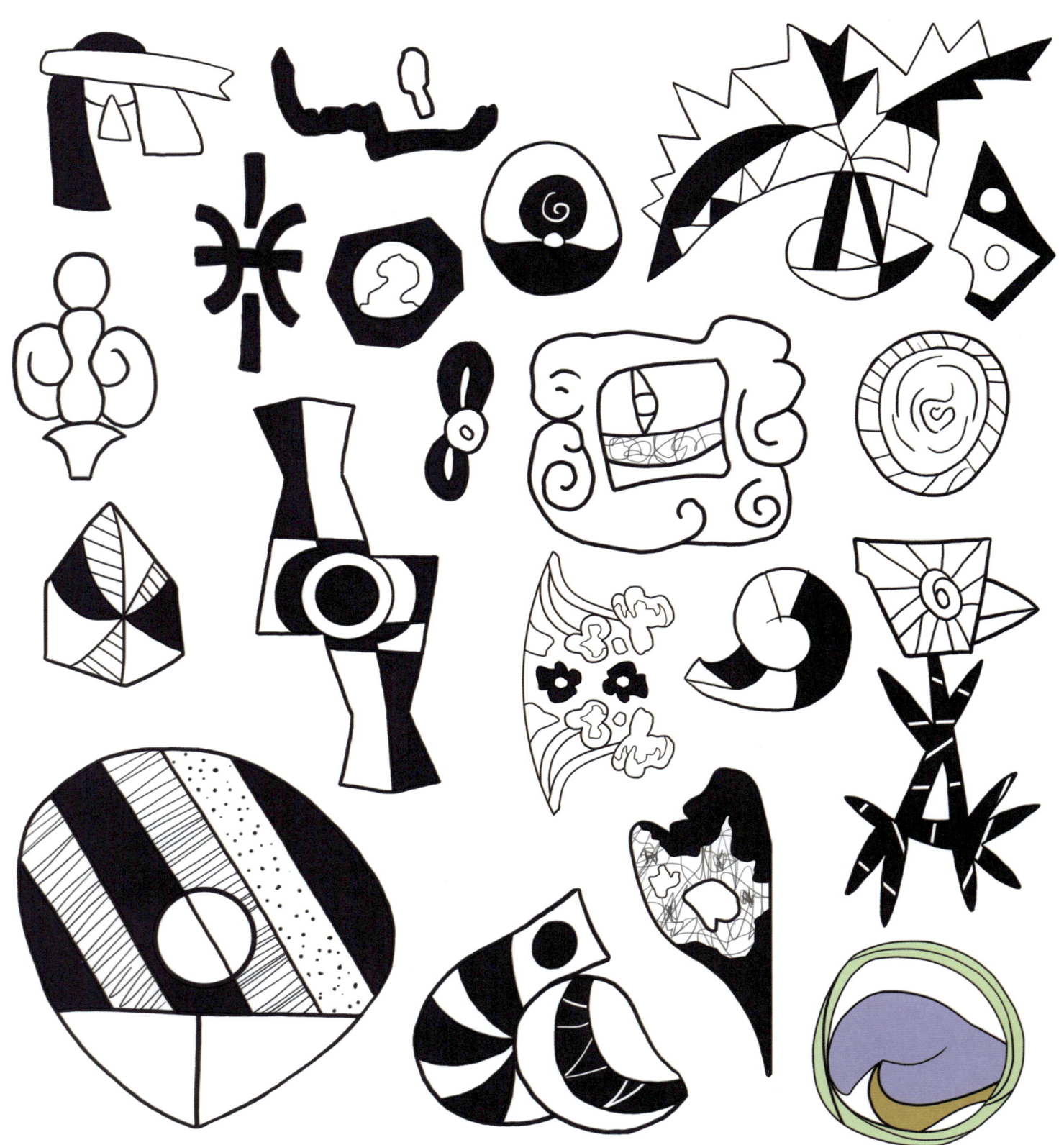

Dibuja 20 ELEMENTOS DECORATIVOS
Draw 20 DECORATIVE ELEMENTS

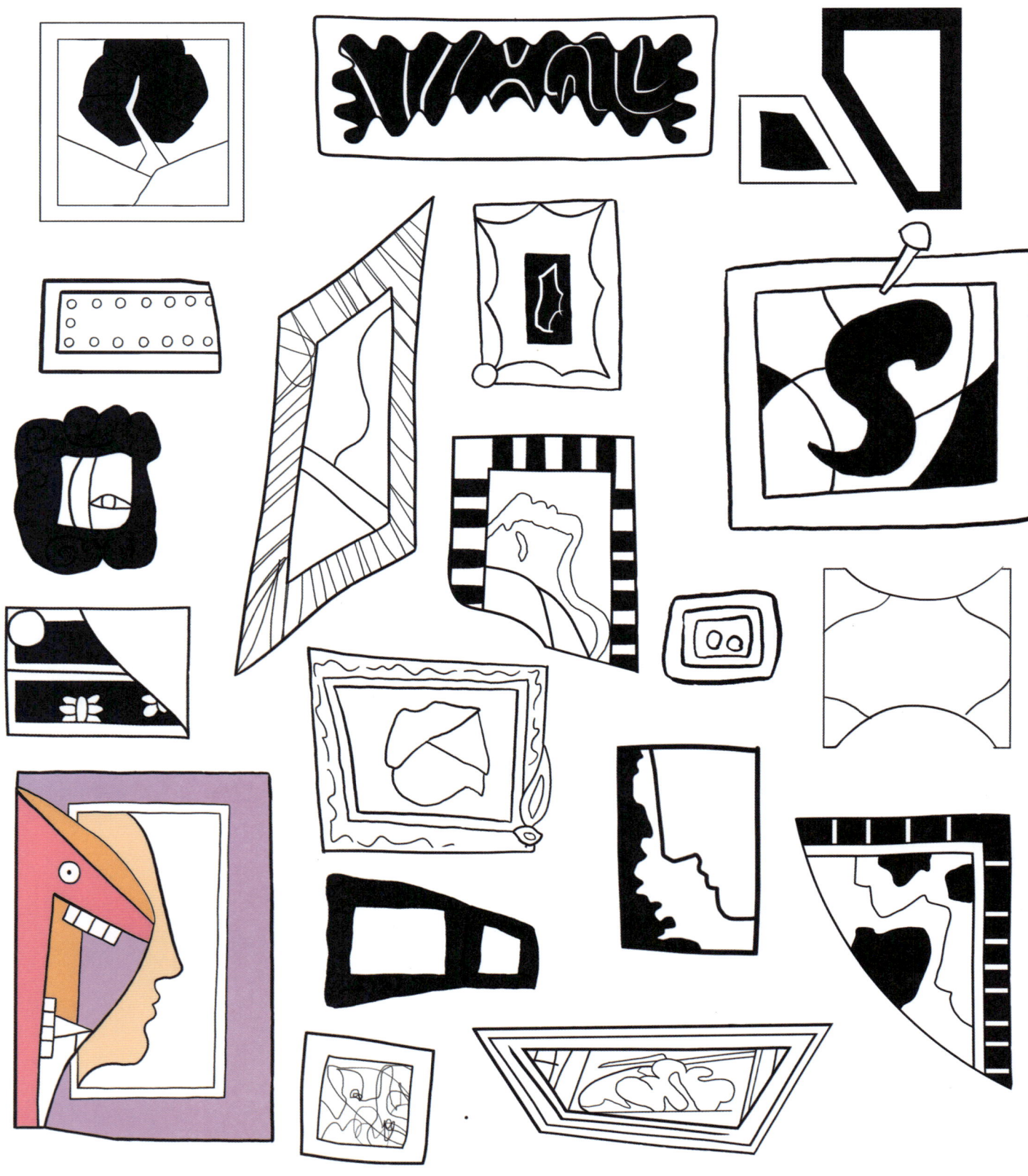

Dibuja 20 CUADROS
Draw 20 PAINTINGS

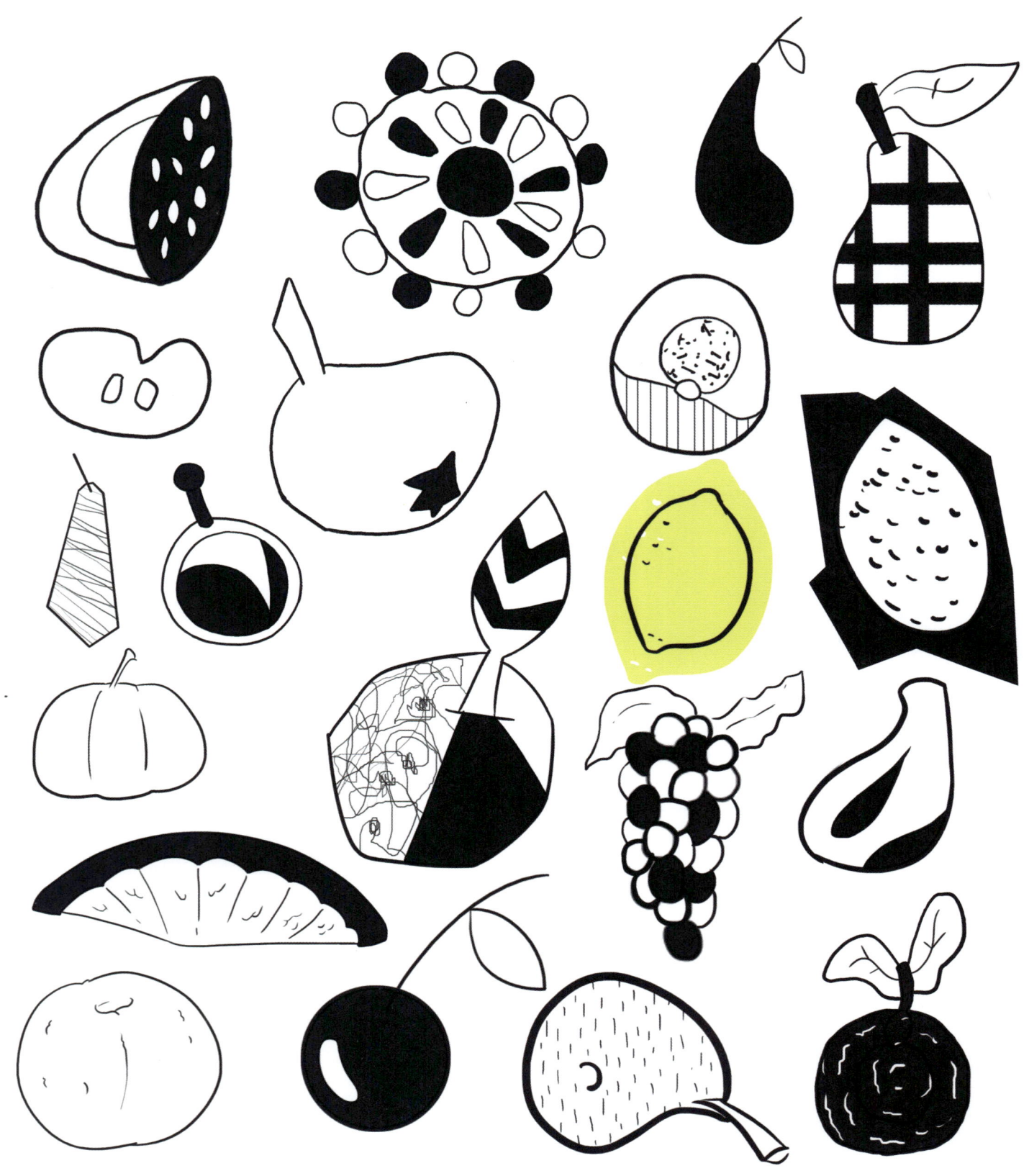

Dibuja 20 FRUTAS
Draw 20 FRUITS

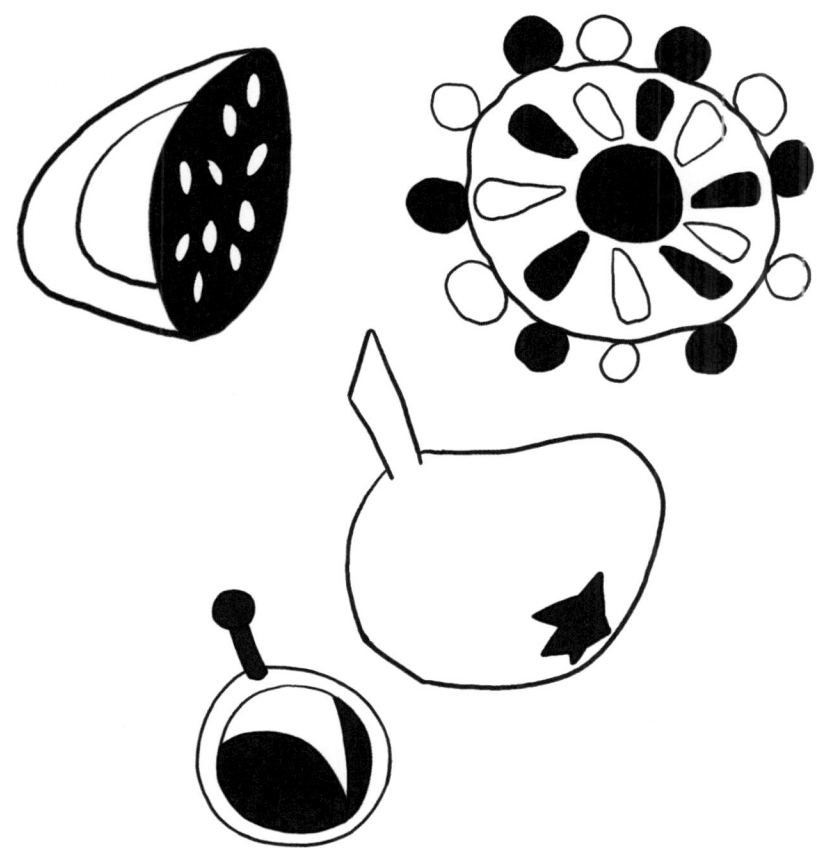

Dibuja 20 VASOS Y COPAS
Draw 20 GLASSES AND CUPS

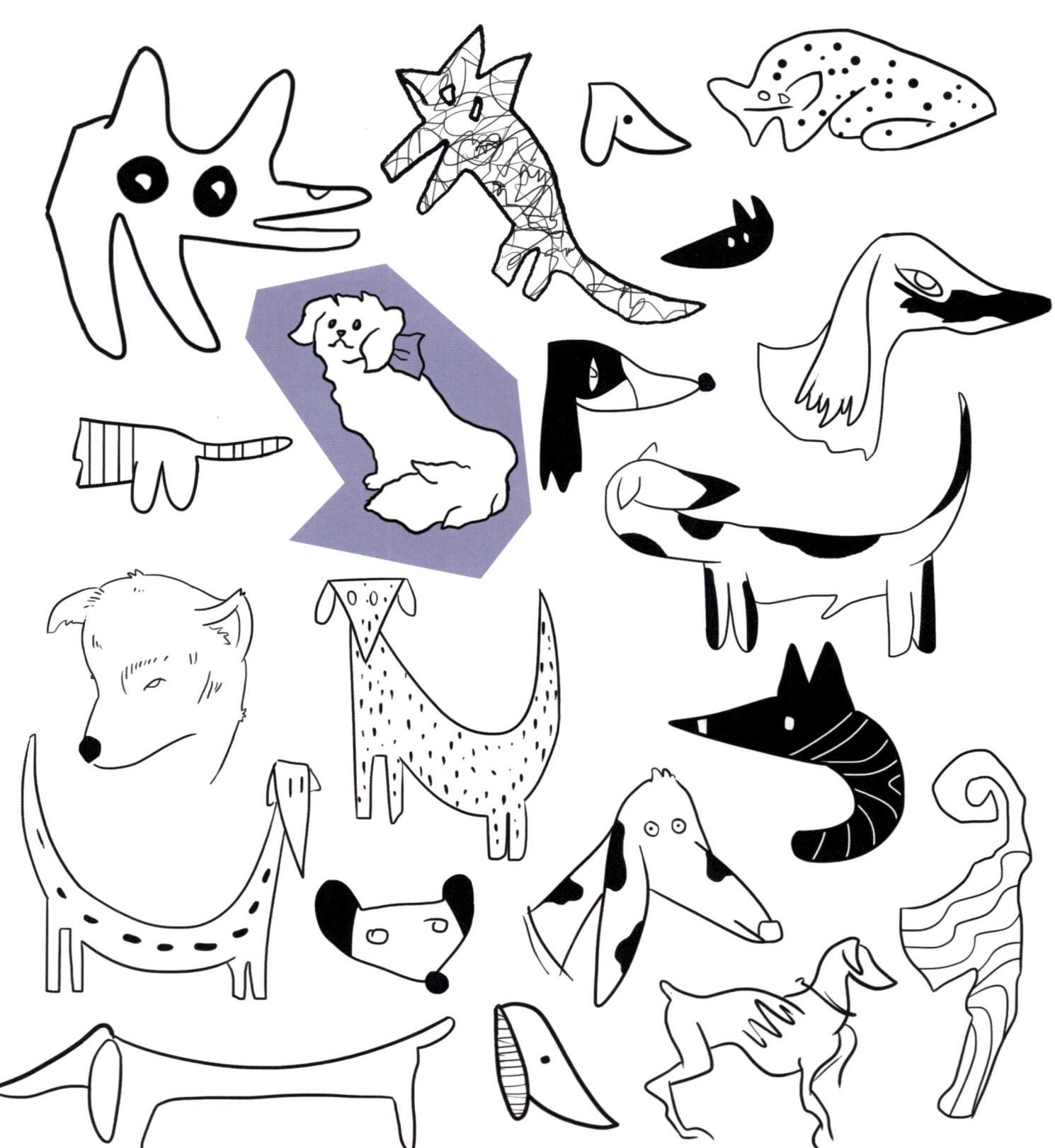

Dibuja 20 PERROS
Draw 20 DOGS

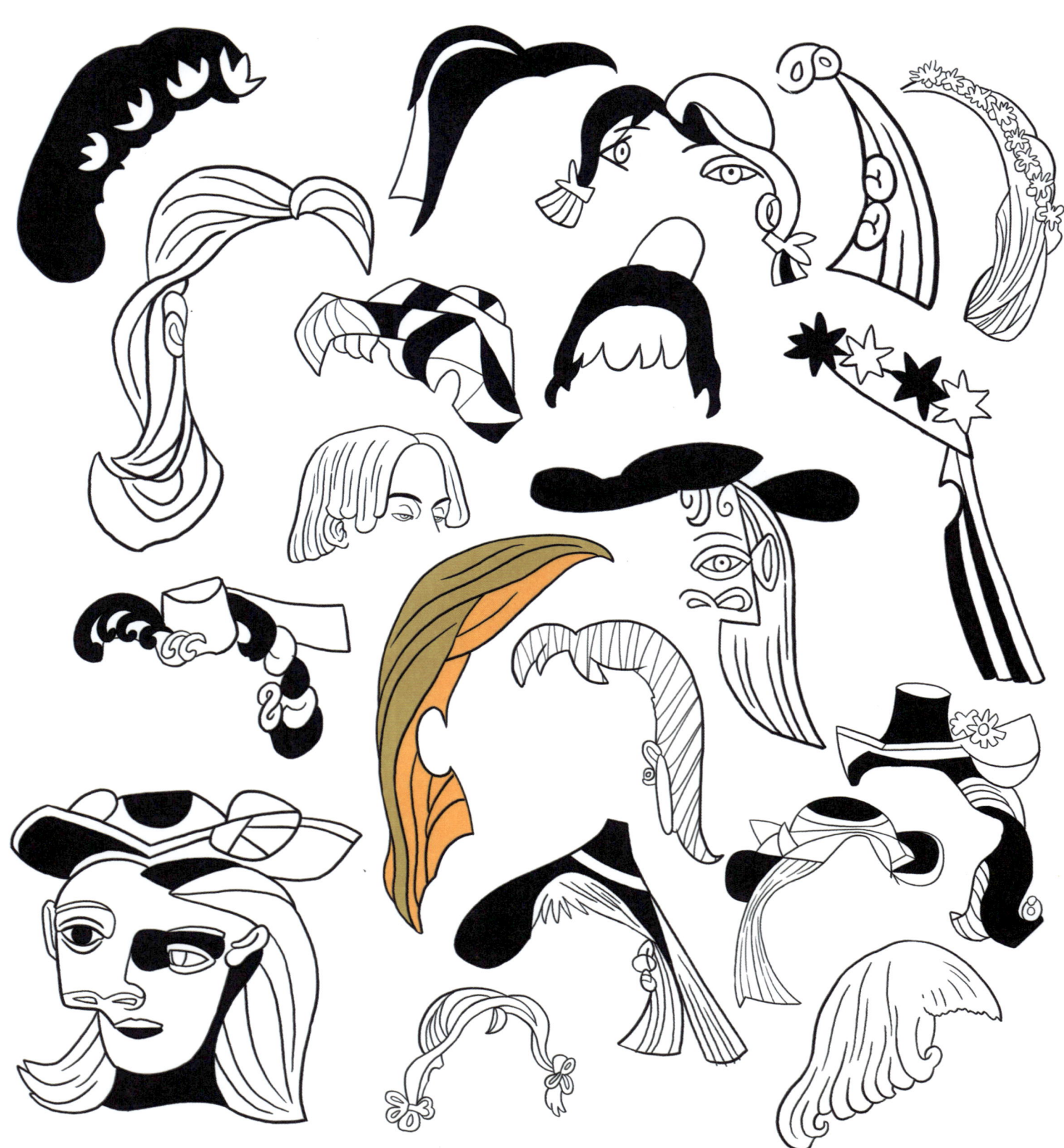

Dibuja 20 PEINADOS
Draw 20 HAIRSTYLES

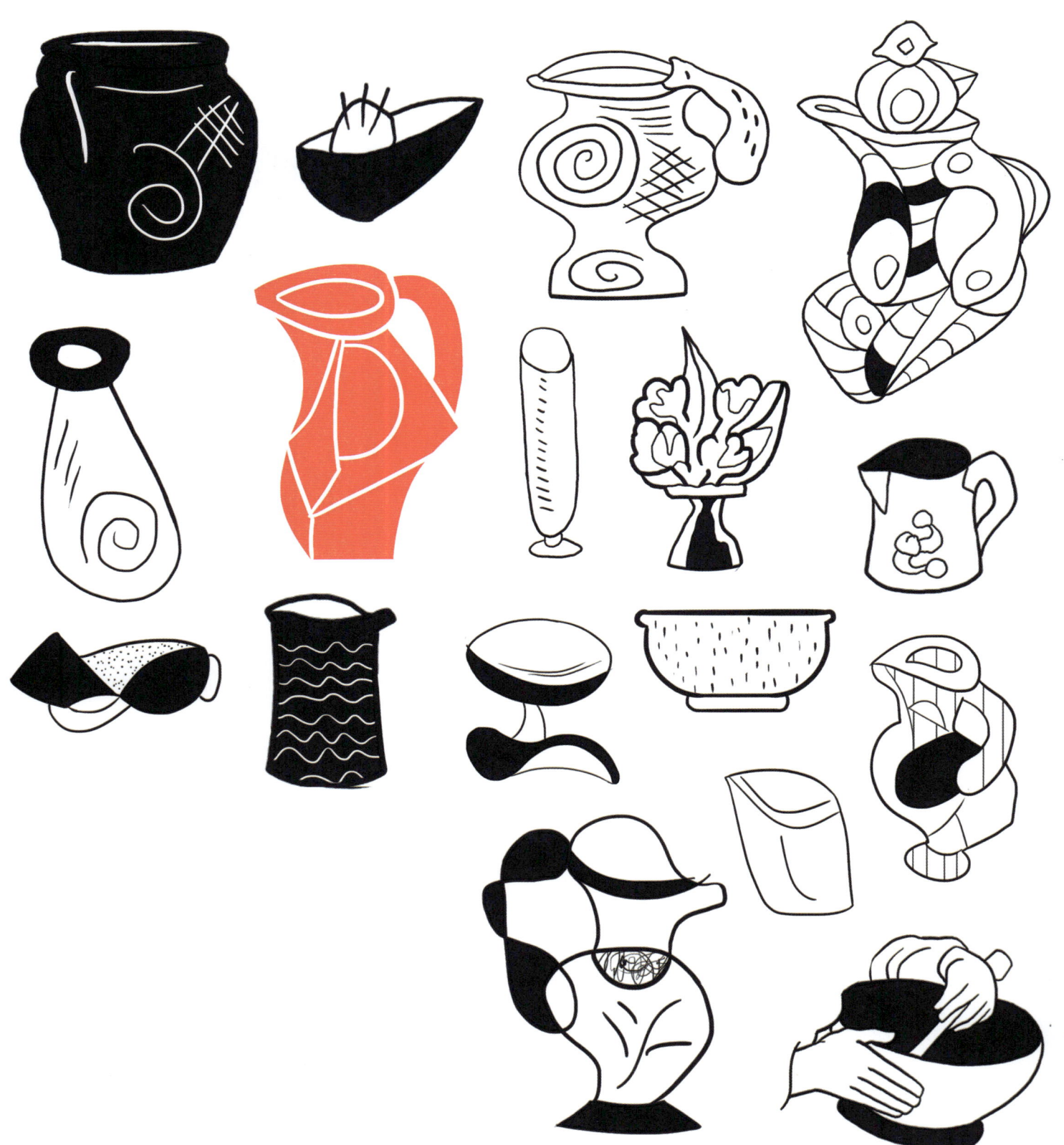

Dibuja 20 JARRONES
Draw 20 VASES

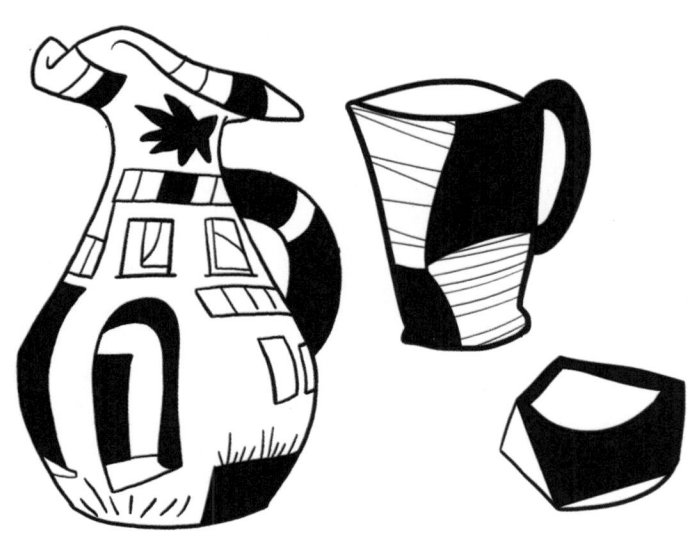

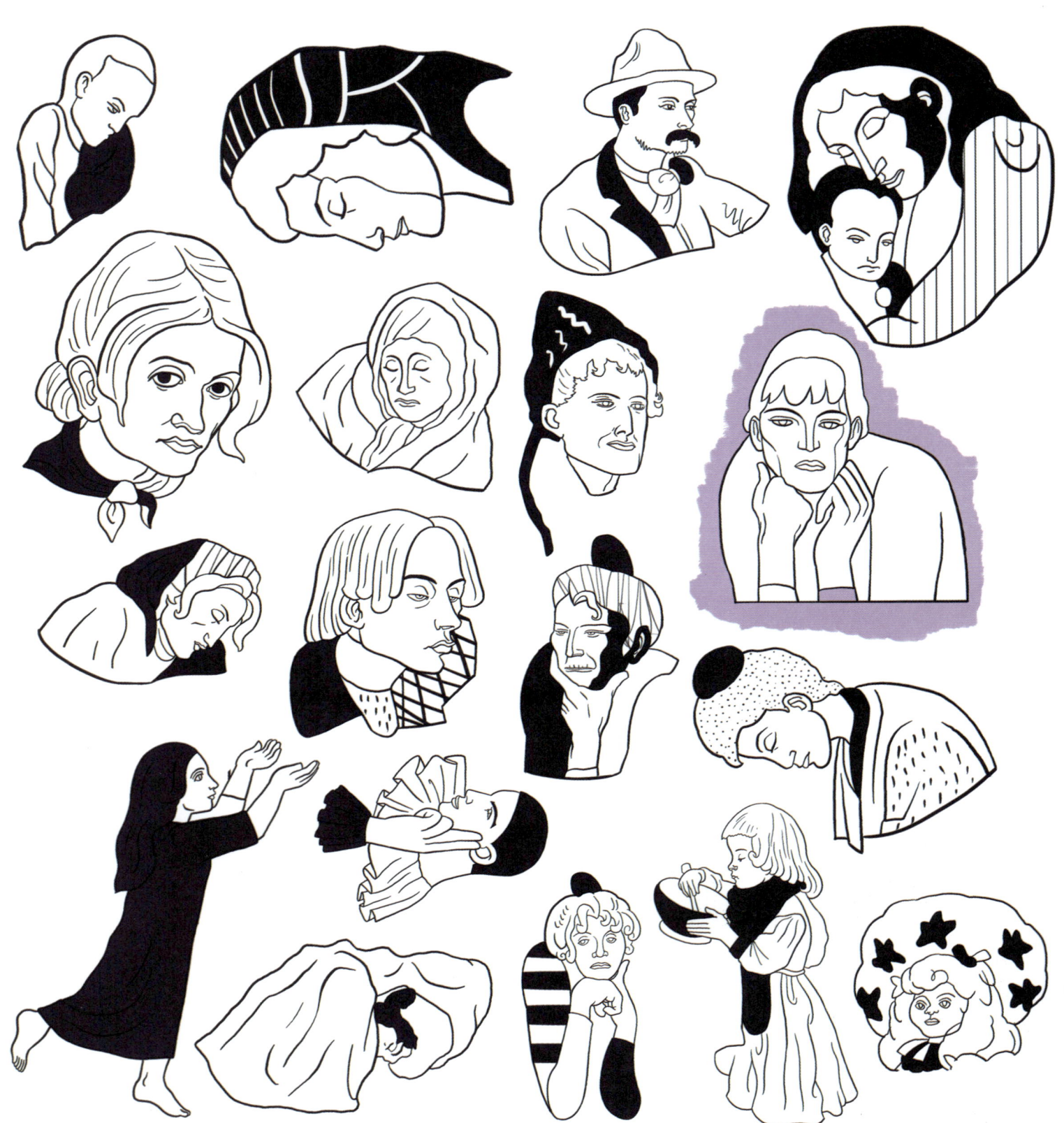

Dibuja 20 IMÁGENES DEL PERIODO AZUL
Draw 20 IMAGES OF THE BLUE PERIOD

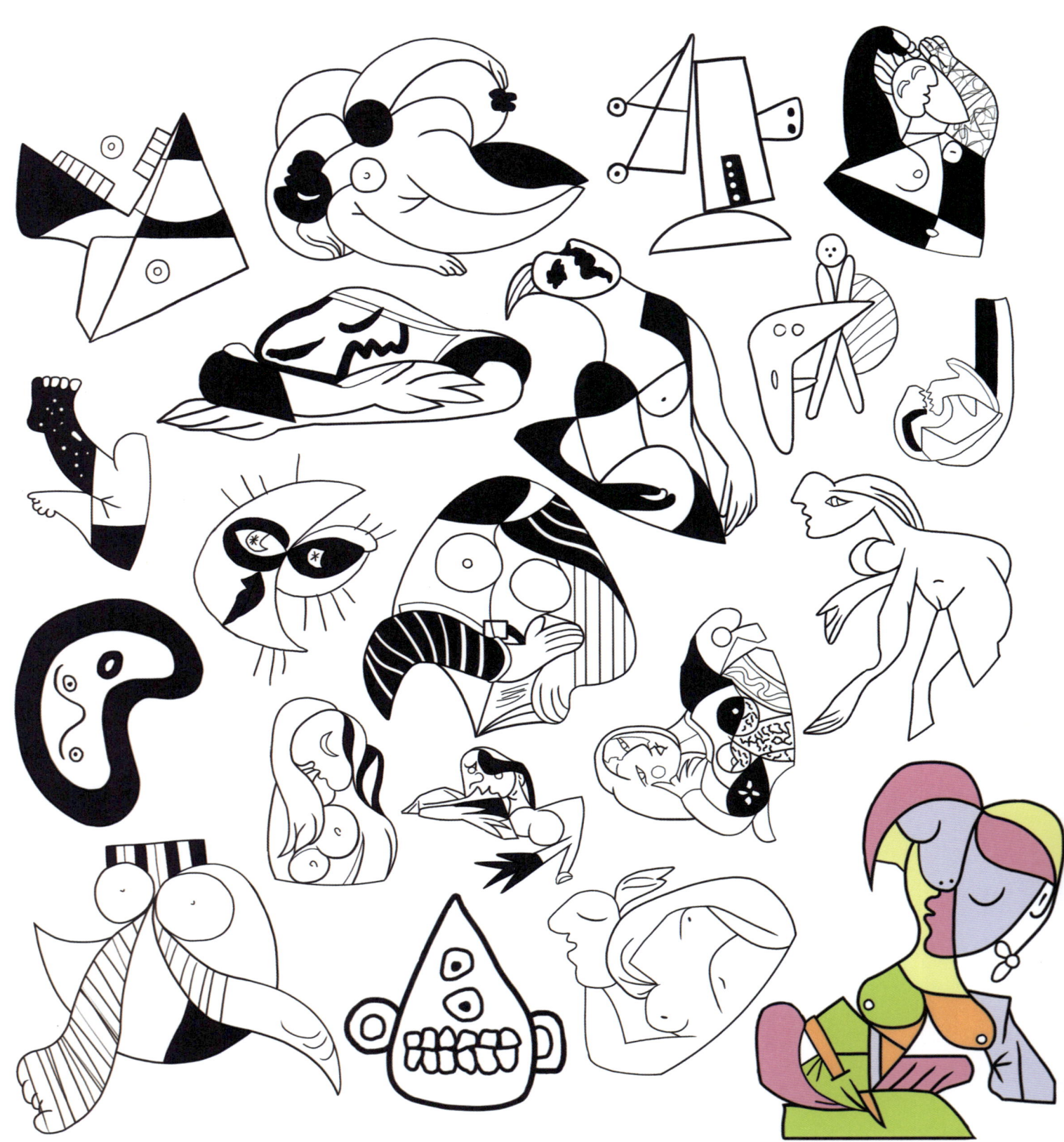

Dibuja 20 FIGURAS SURREALISTAS
Draw 20 SURREALIST FIGURES

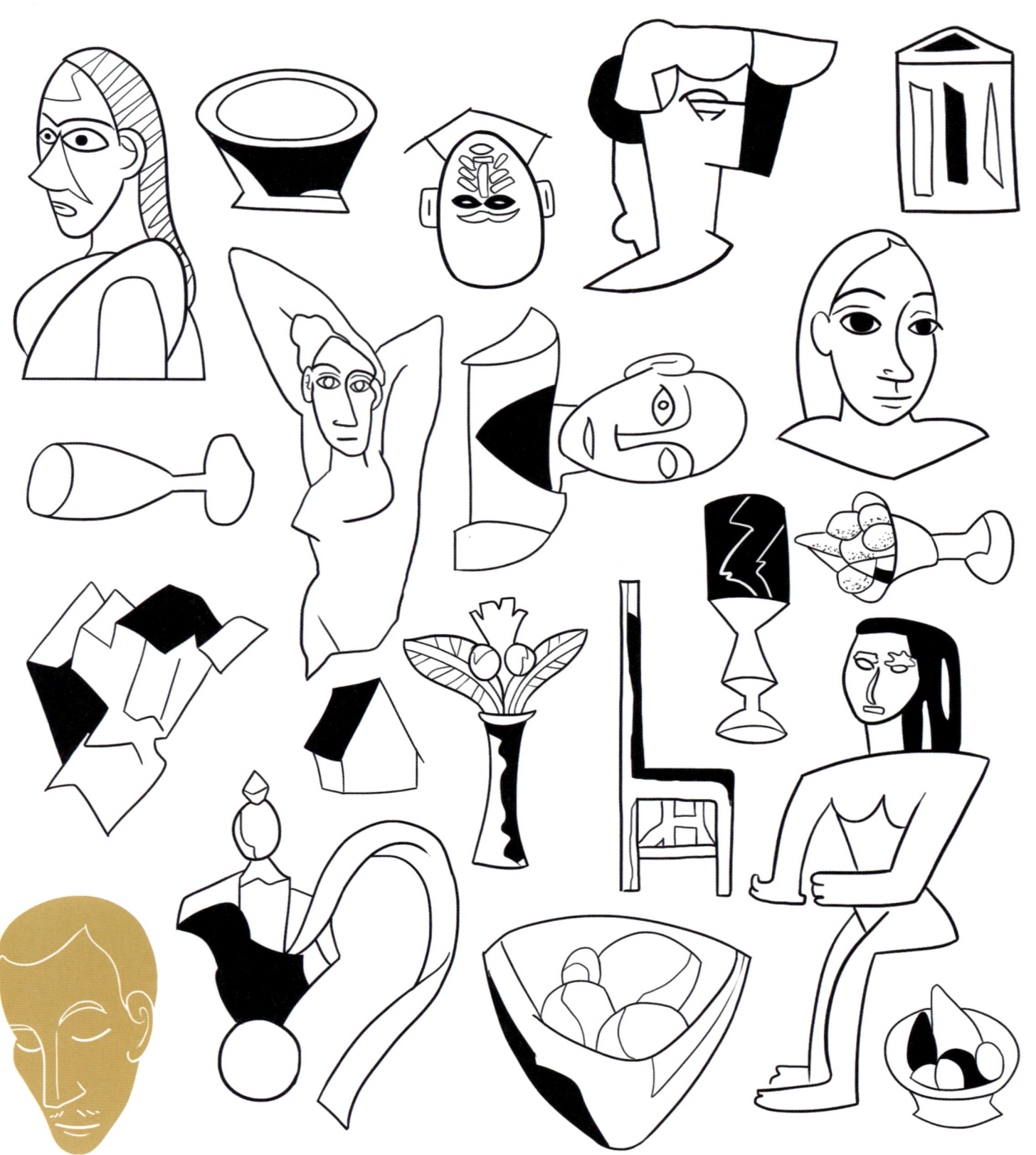

Dibuja 20 FIGURAS CUBISTAS
Draw 20 CUBIST FIGURES

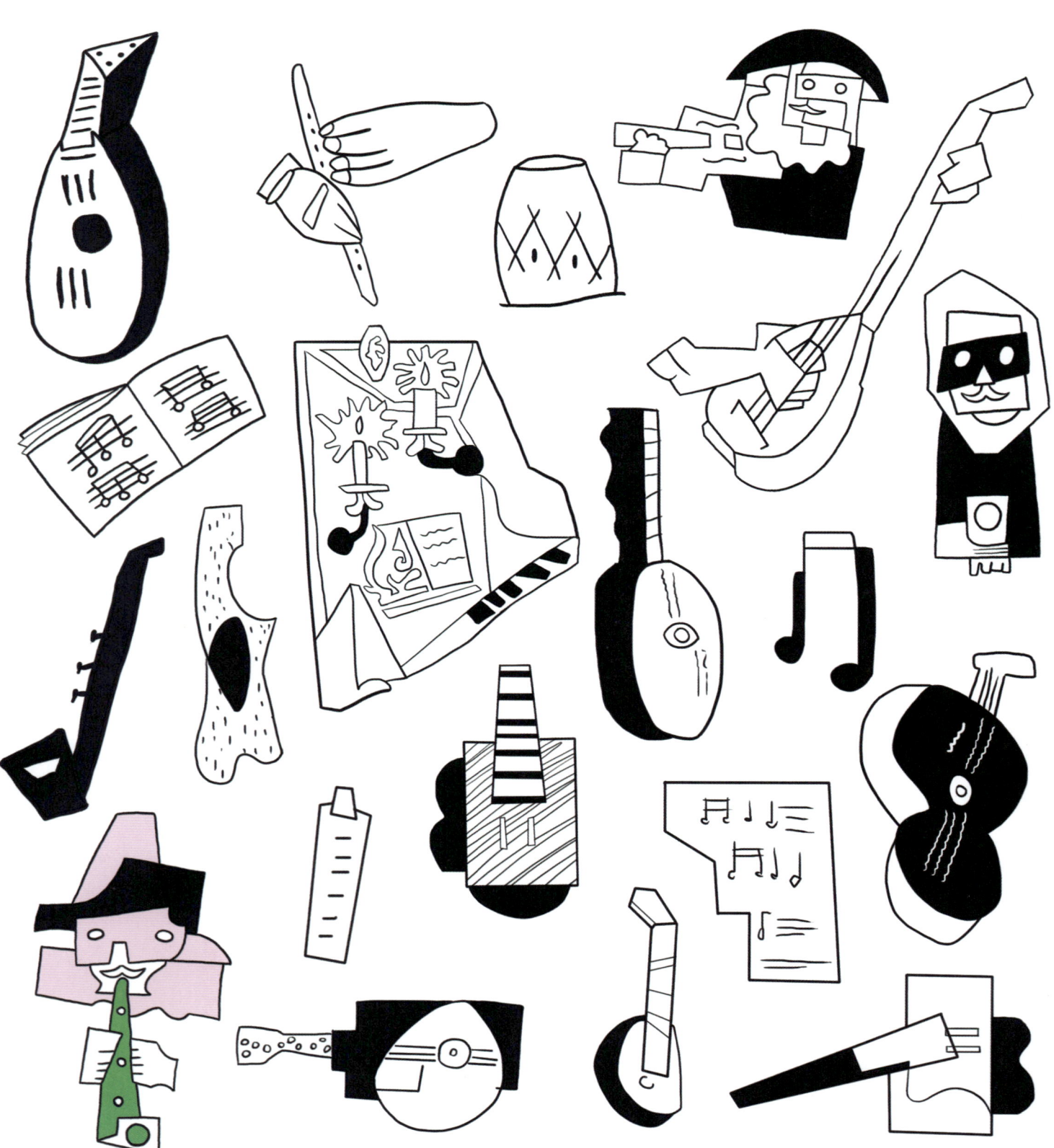

Dibuja 20 INSTRUMENTOS MUSICALES
Draw 20 MUSICAL INSTRUMENTS

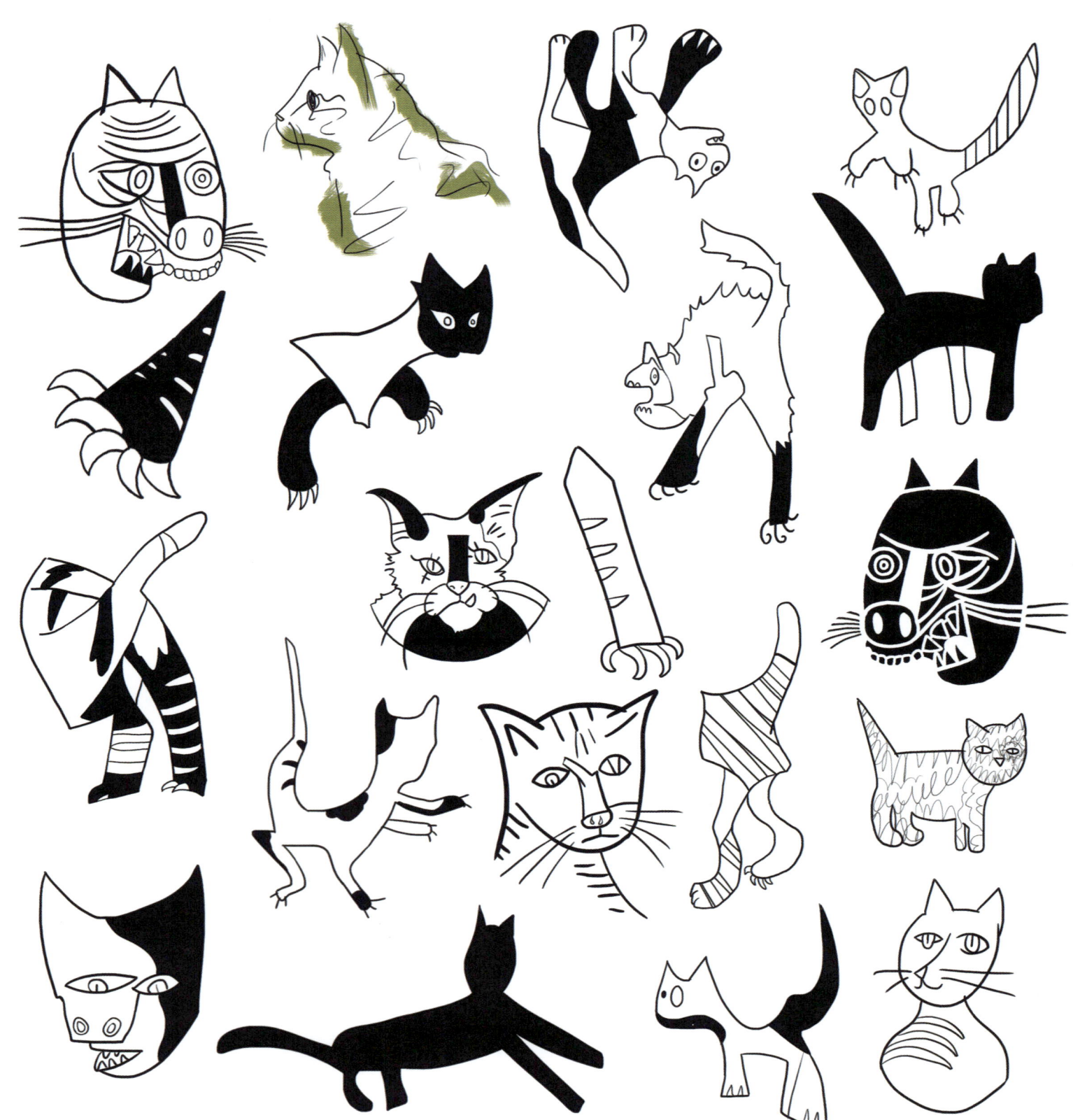

Dibuja 20 GATOS
Draw 20 CATS

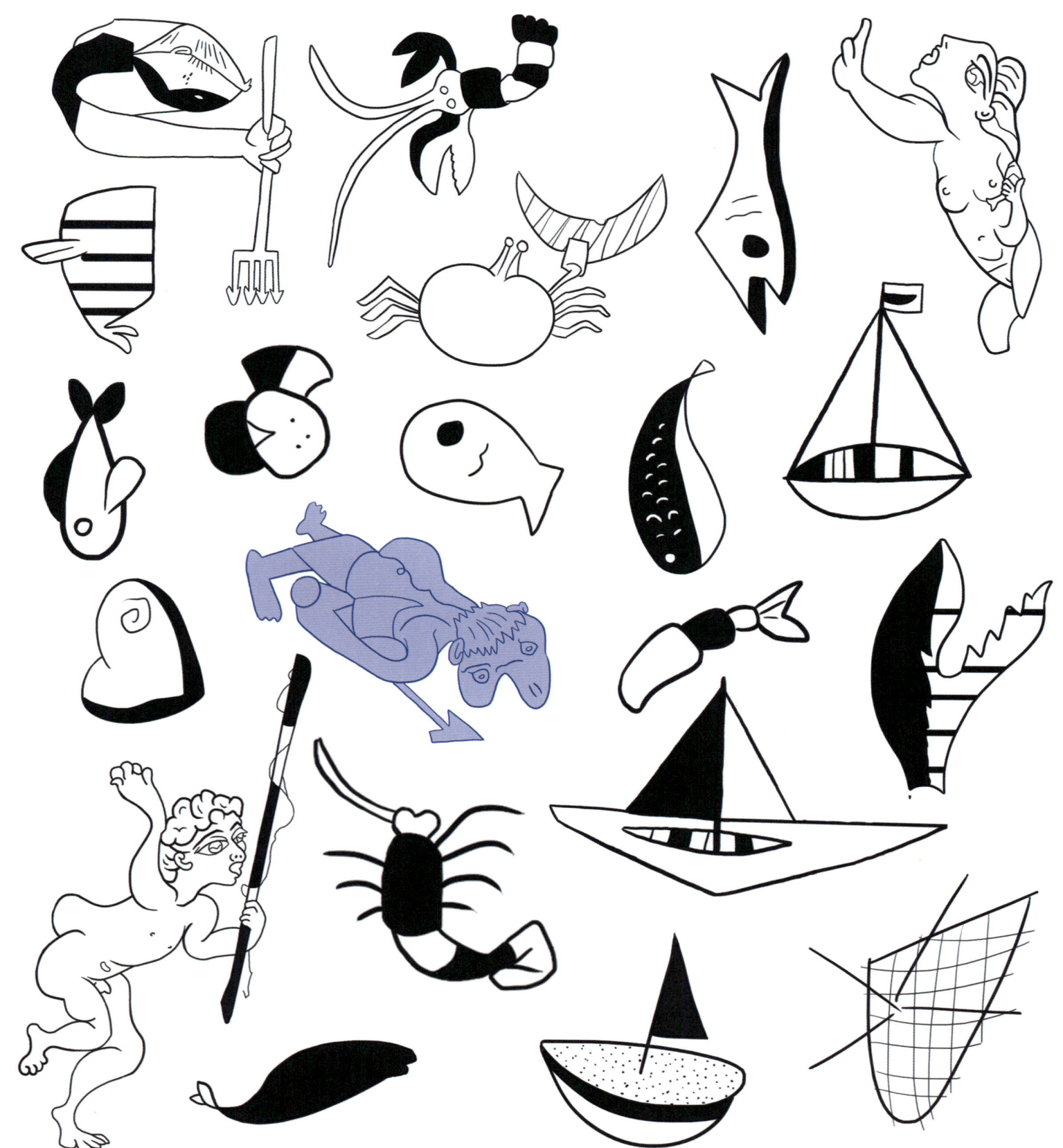

Dibuja 20 MOTIVOS DE PESCA
Draw 20 FISHING MOTIFS

Dibuja 20 ELEMENTOS DE BODEGÓN
Draw 20 STILL LIFE ELEMENTS

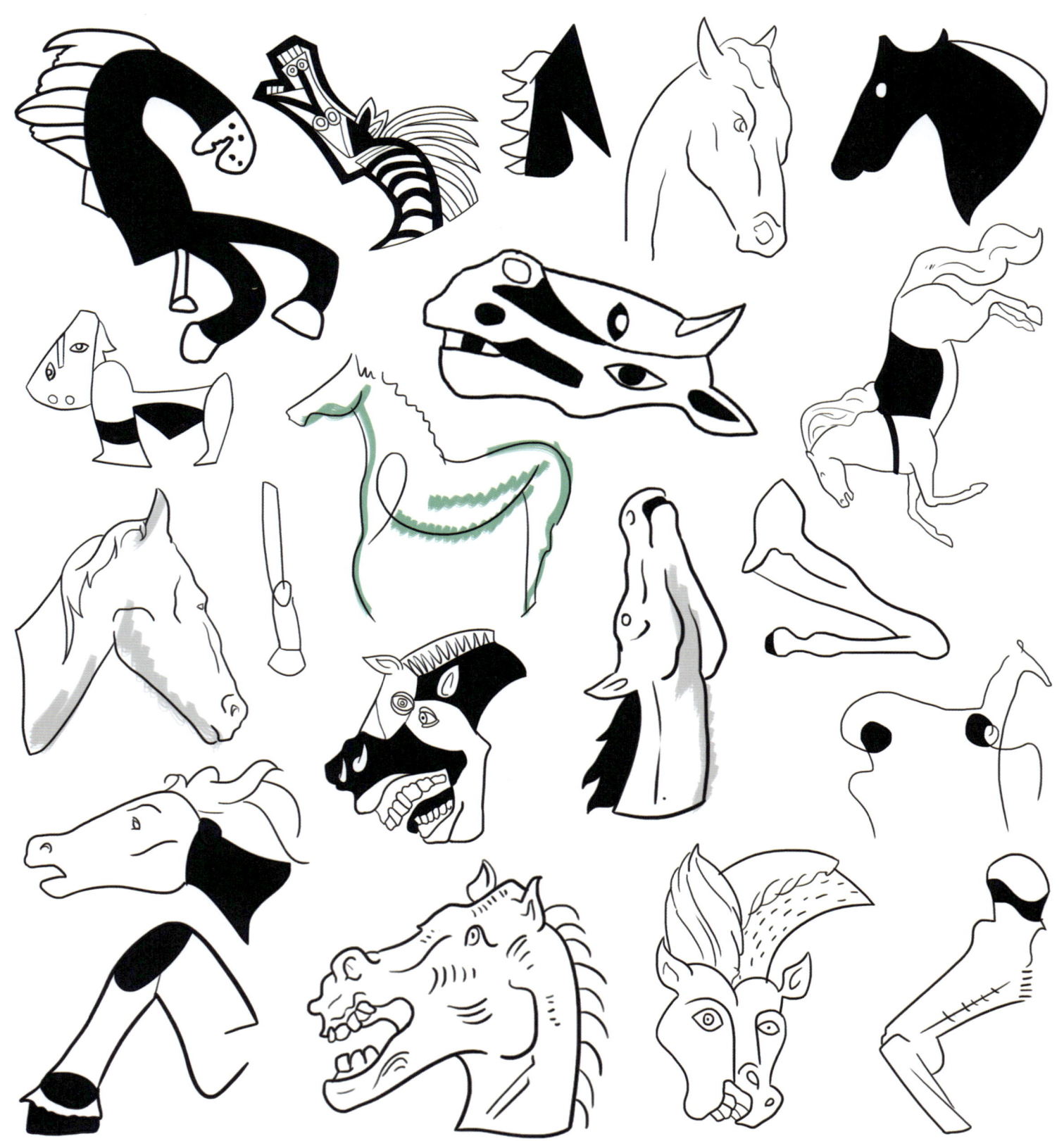

Dibuja 20 CABALLOS
Draw 20 HORSES

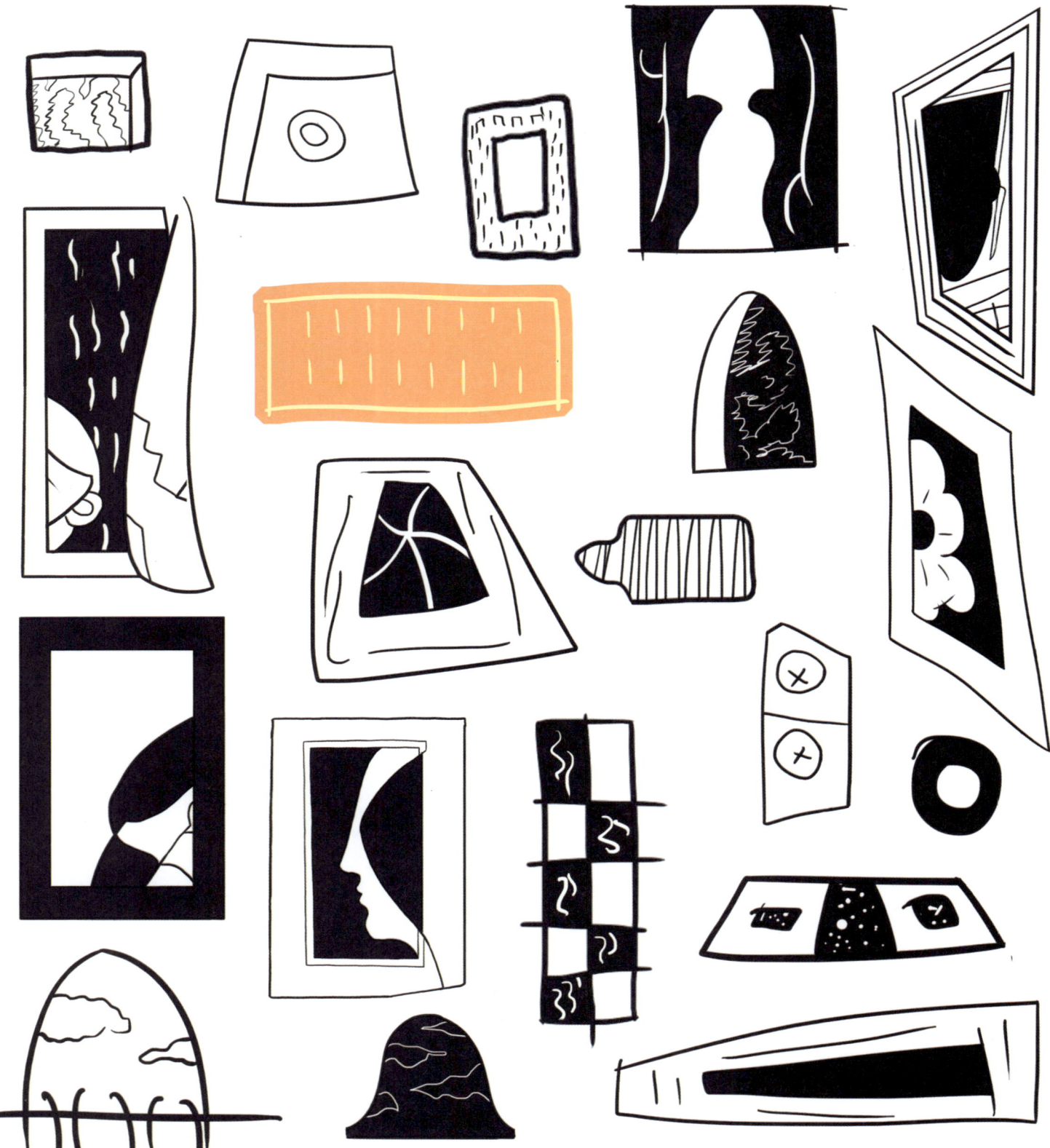

Dibuja 20 VENTANAS
Draw 20 WINDOWS

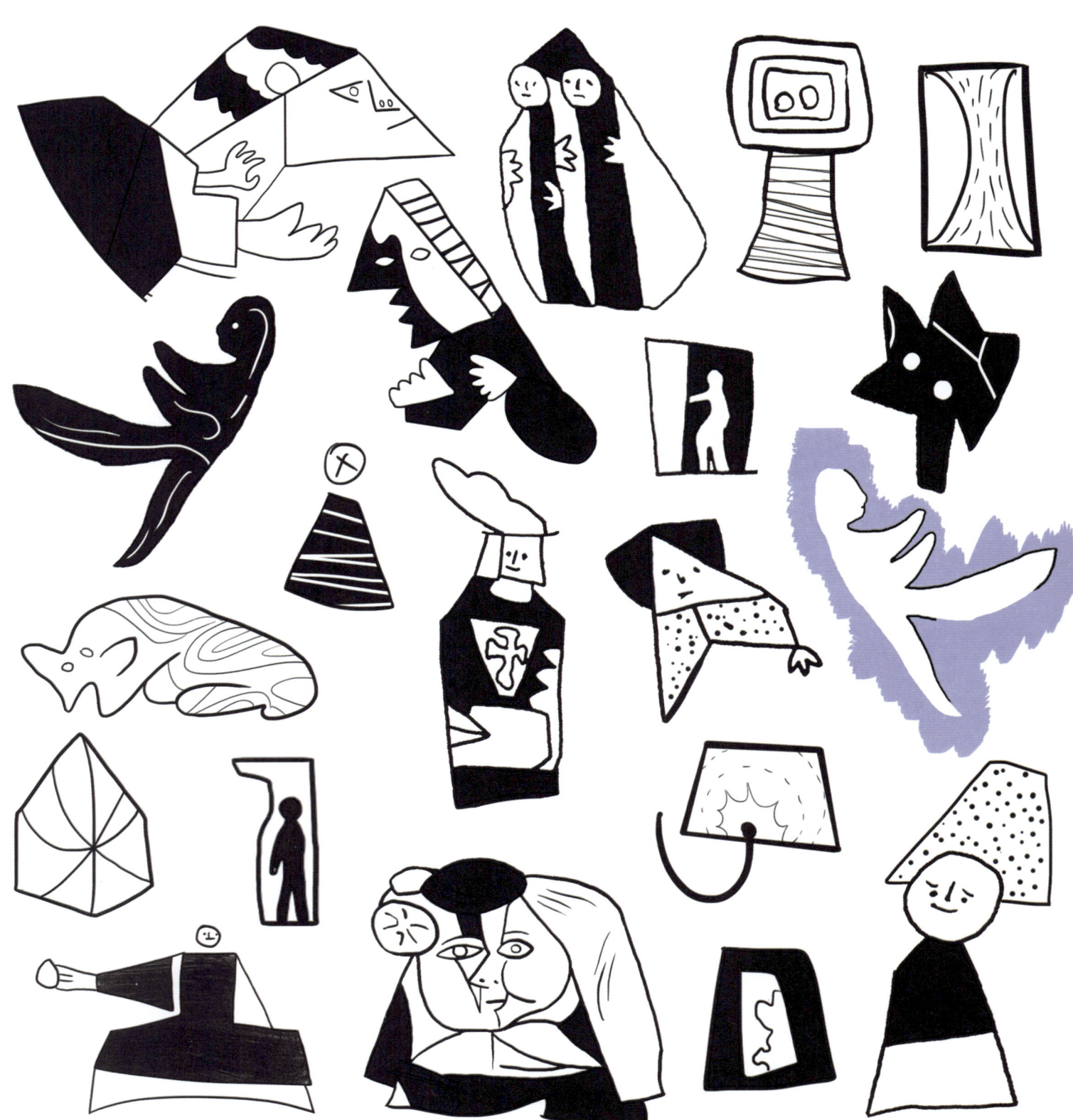

Dibuja 20 MOTIVOS DE LAS MENINAS
Draw 20 MOTIFS OF LAS MENINAS

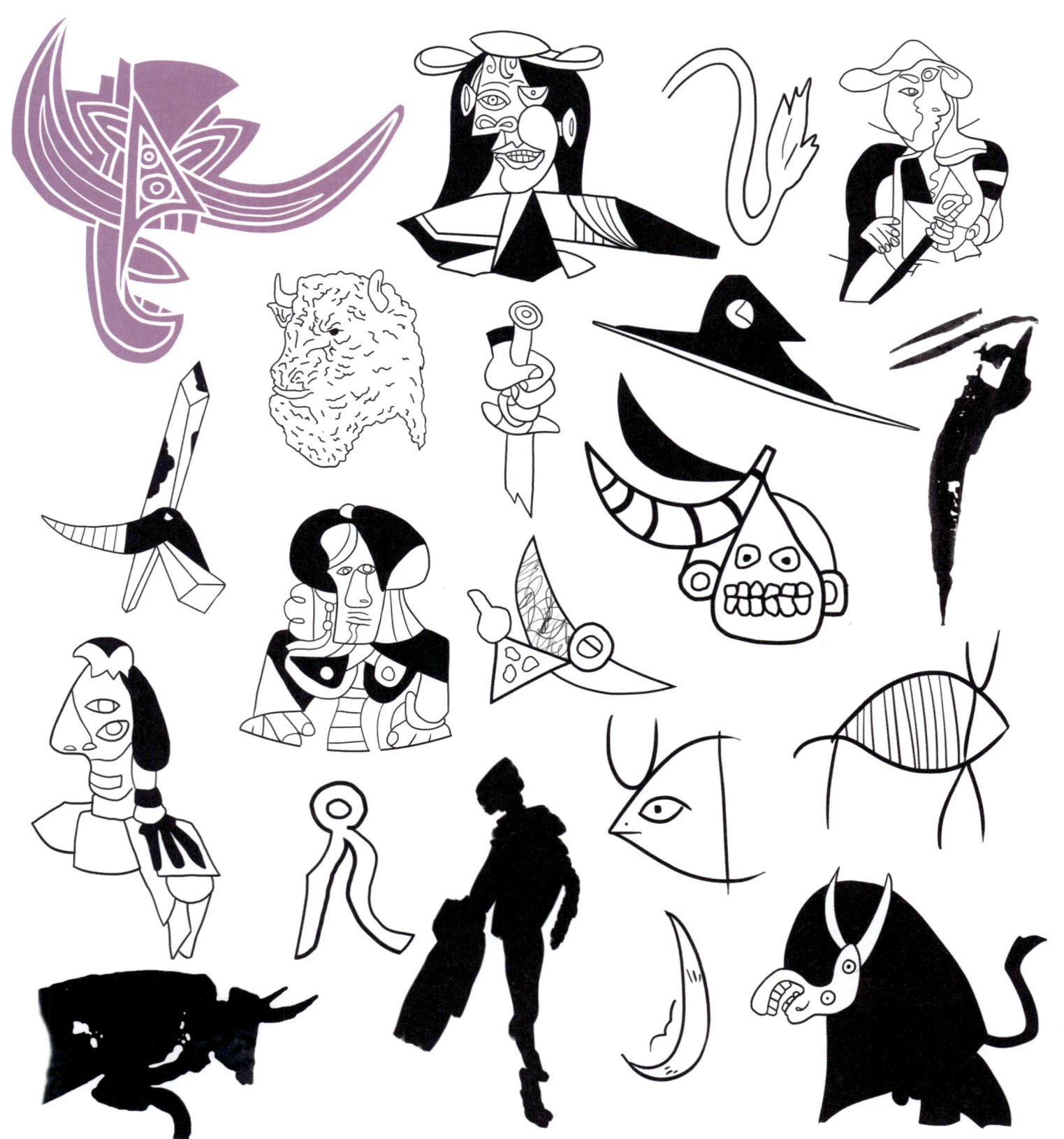

Dibuja 20 MOTIVOS DE TAUROMAQUIA
Draw 20 BULLFIGHTING MOTIFS

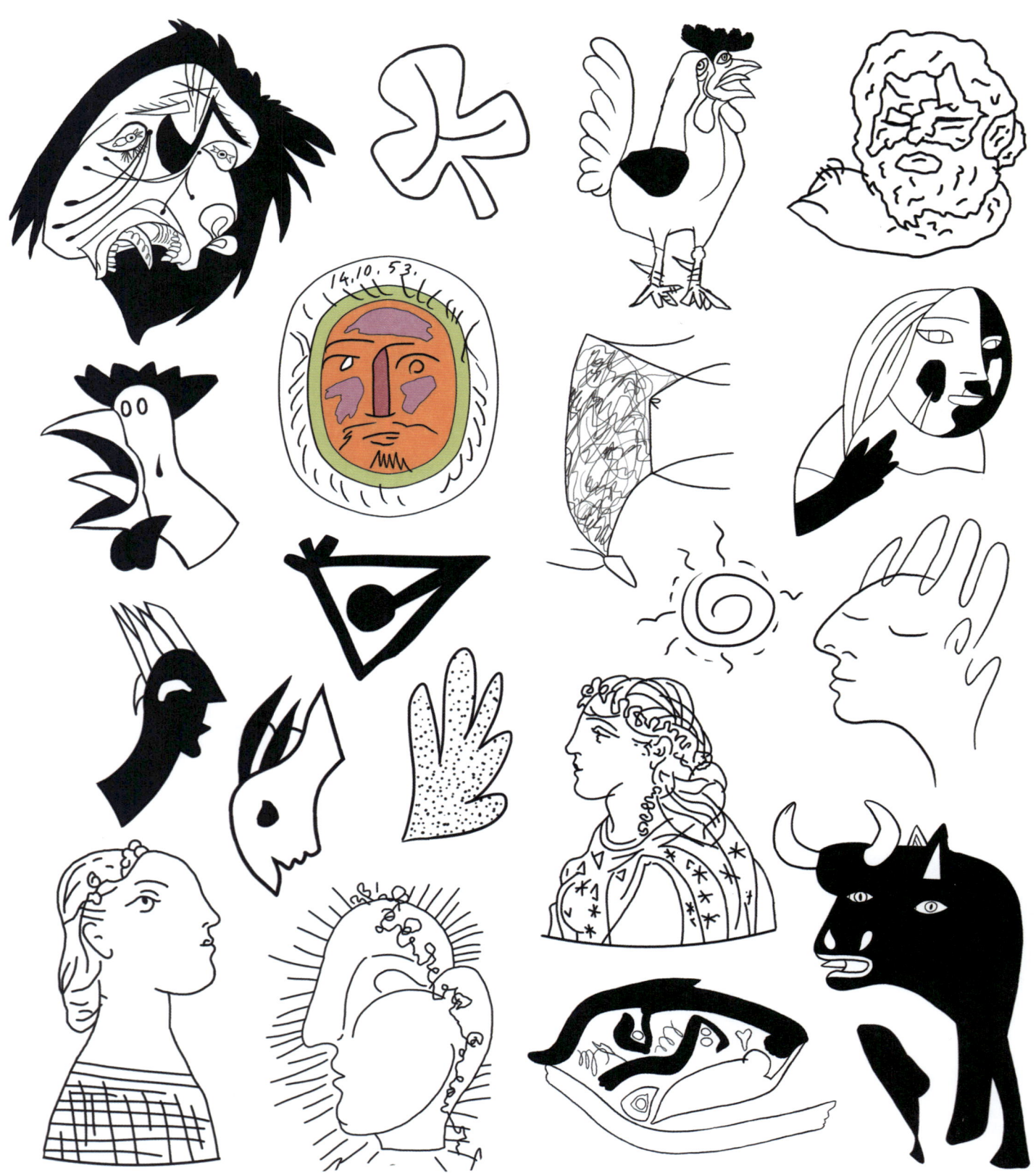

Dibuja 20 ESBOZOS
Draw 20 SKETCHES

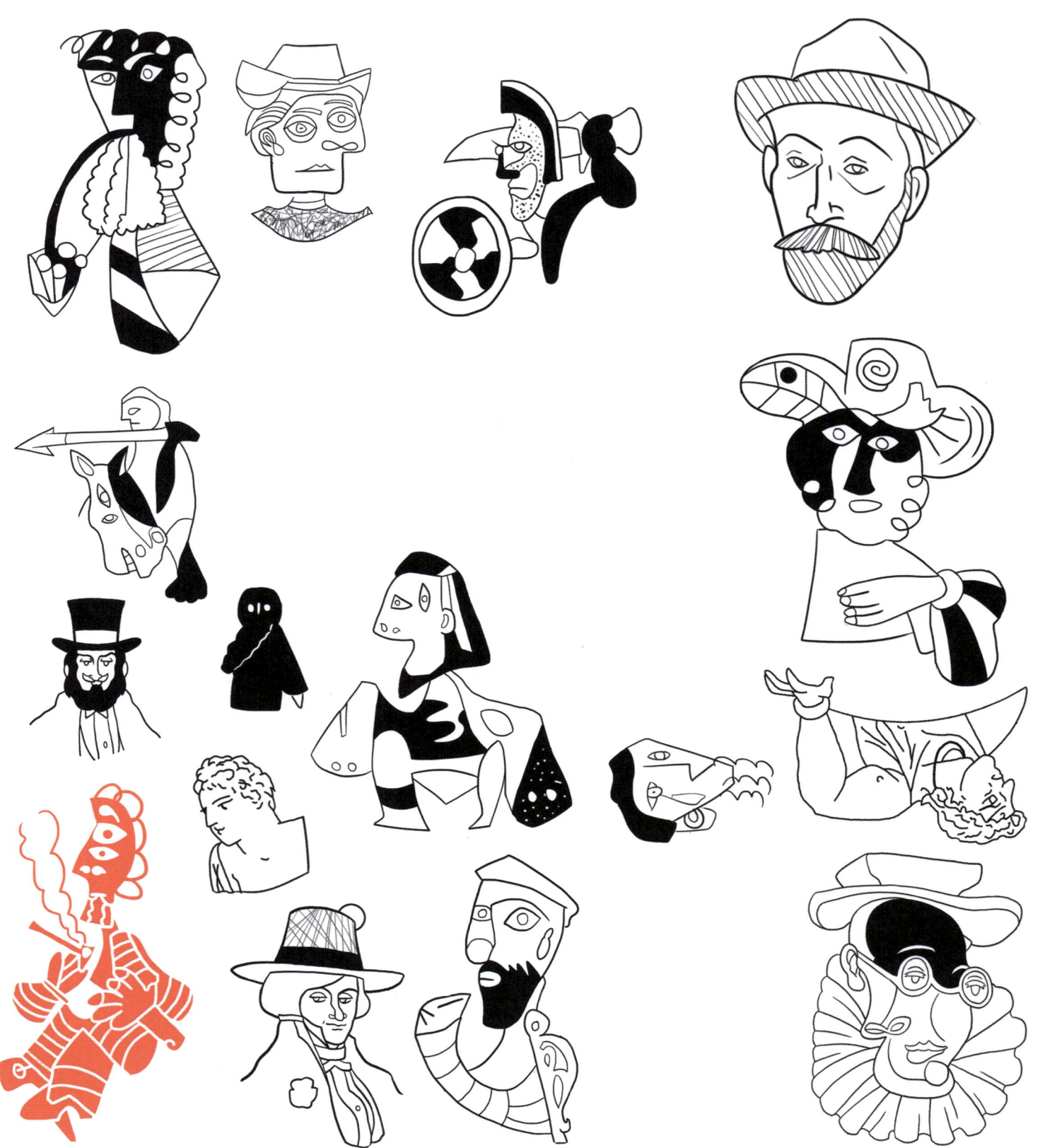

Dibuja 20 CABALLEROS
Draw 20 GENTLEMEN

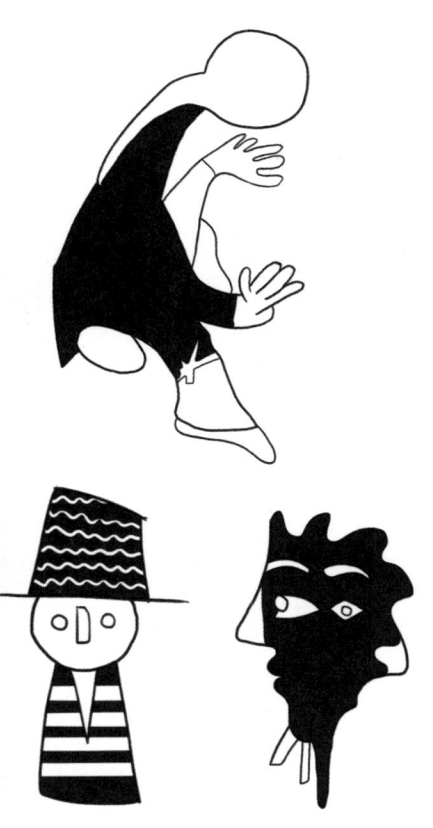

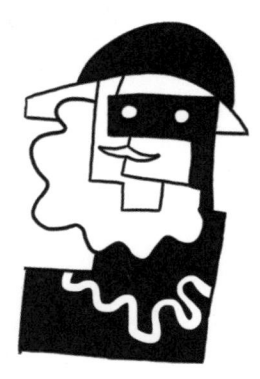

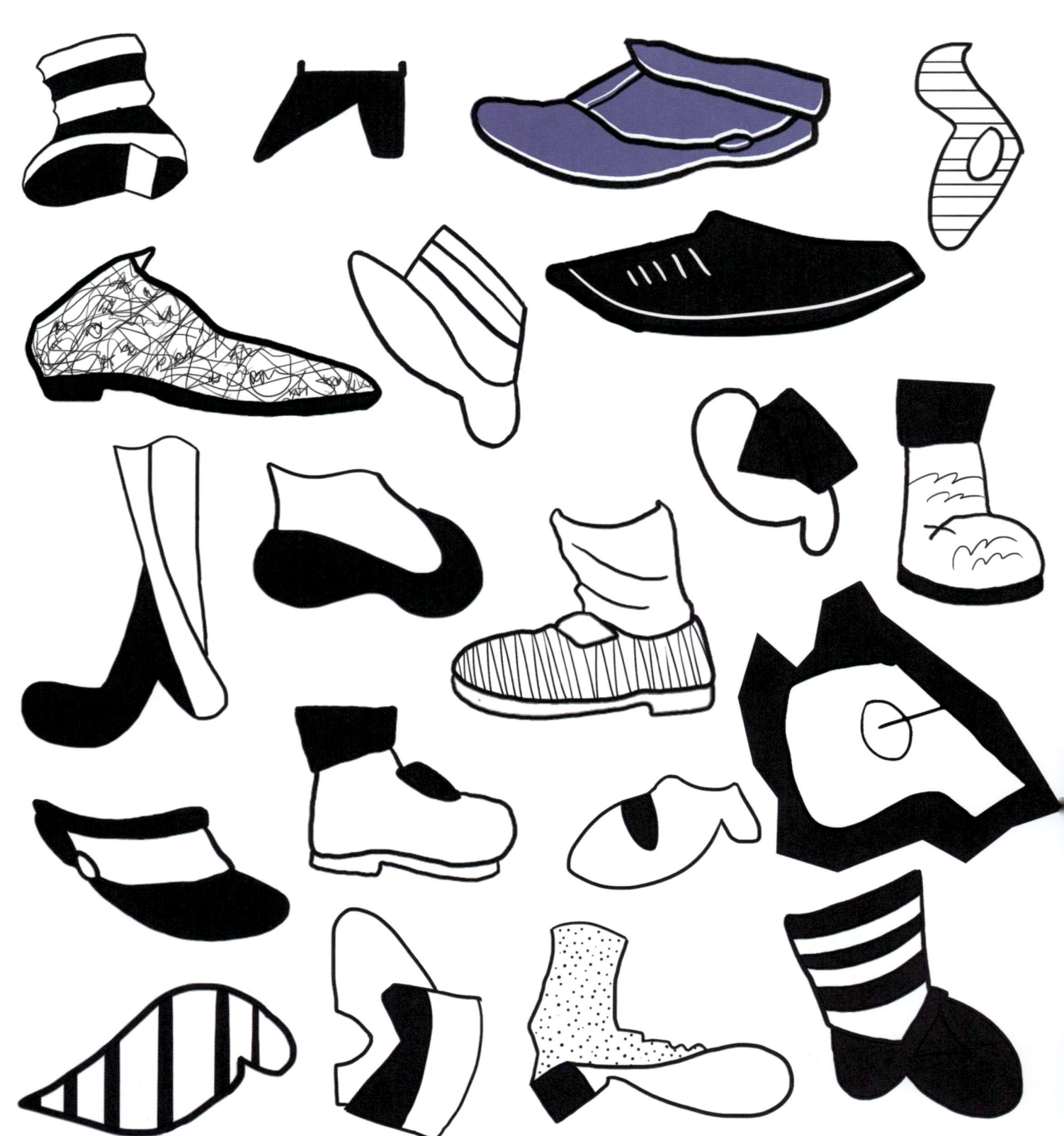

Dibuja 20 ZAPATOS
Draw 20 SHOES

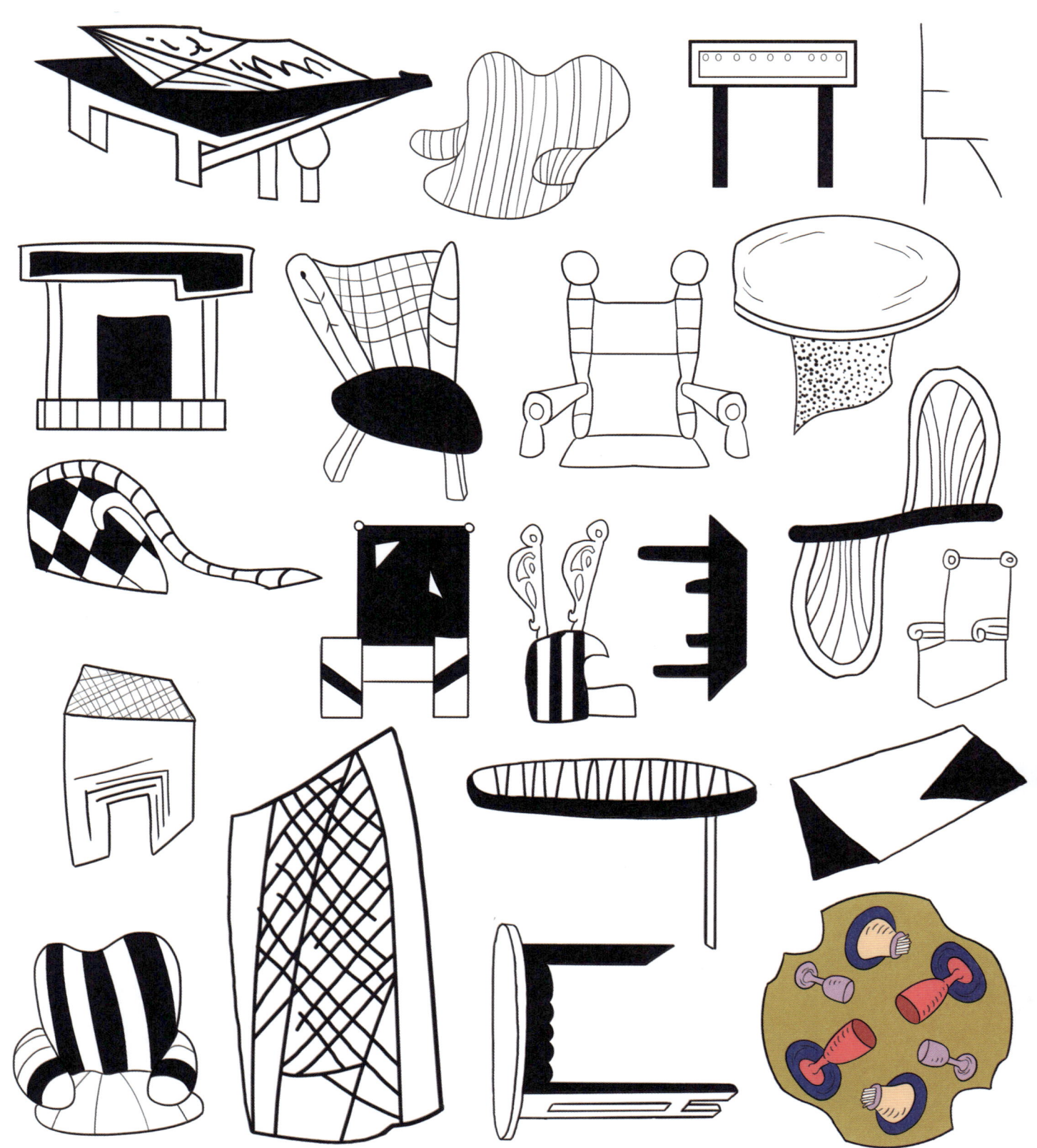

Dibuja 20 ELEMENTOS DE MOBILIARIO
Draw 20 FURNITURE ELEMENTS

Gracias a Darko y Héctor por su constante apoyo.
Thanks to Darko and Hector for their continued support.